Franz Wich

Das große Buch des Tajine

Franz Wich

Das große Buch des Tajine

Mit einem Ausflug in die Geschichte der Töpferei

Besonderer Dank gilt Aziz Bahi, der vor Ort in Marokko recherchierte und eine Vielzahl von Fotos sowie einige Textbeiträge für dieses Buch lieferte.

Impressum

1. Auflage

 • www.projekte-verlag.de
Mitglied im Börsenverein des Deutschen Buchhandels

Satz und Druck: Buchfabrik Halle • www.buchfabrik-halle.de

ISBN 978-3-86634-766-3
Preis: 19,50 EURO

Inhalt

Vorwort

In Marokko begegnete der Autor nicht nur vielen freundlichen Menschen, von denen er einige noch heute zu seinen Freunden zählt, er traf dort auch auf eine besondere Art zu kochen. Das ist sicher nicht allzu überraschend, denn überall in der Welt gibt es natürlich eine lokale Küche und Kochmethoden, die sich historisch entwickelt haben. So hat sich z.B. der chinesische Wok über die ganze Welt verbreitet. Auch der Tajine ist in Deutschland nicht mehr unbekannt. Man kann den Topf in allen möglichen Größen und Preisklassen bei diversen Internethändlern beziehen. Es gibt sogar schon Rezeptsammlungen und andere Literatur über ihn. Warum also noch ein Buch über den Tajine?
Wir wollen in diesem Buch das Thema etwas breiter fassen, nicht einfach ein Kochbuch vorlegen, sondern die Hintergründe kulturgeschichtlich beleuchten, ein paar interessante Querverbindungen herstellen – z.B. zur traditionellen Olivenernte in Marokko. Selbstverständlich bieten wir auch ein paar Rezepte an, die wir z.T. selbst ausprobiert haben. Sie werden sehen, Kochen mit dem Tajine ist nicht nur leicht und gesund, es macht auch Spaß! Wir behaupten, der Tajine ist eine Alternative zum Grillabend am Holzkohle- oder Elektrogrill. Sicher ist, man kann mit ihm weit mehr zubereiten als Bratwurst und Steak.
Lassen Sie sich also von uns entführen in die Welt eines marokkanischen Tontopfs und seiner Verwandten!

Abb. 1: Der Autor 2004 in Marokko.

Worüber reden wir hier eigentlich?

Das Wort **Tajine** hat zwei Bedeutungen, läßt man den Namen eines Restaurants in Casablanca einmal beiseite. Zum einen ist es die Bezeichnung für eine Form marokkanischer Eintopfgerichte, zum anderen für das Gefäß, in dem diese Gerichte auf traditionelle Weise zubereitet werden.
Außerdem gibt es einige verschiedene Schreibweisen für den Begriff. Die heute verbreitetste europäische Form scheint *Tajine* zu sein, deshalb werden wir sie auch in diesem Buch so verwenden. (Das „e" wird dabei nicht mit gesprochen.) Die europäische Mehrzahl ist *Tajines*, in Anlehnung an [Danan-Bénady 2007]. Im Arabischen ist die Mehrzahl dagegen *Tawajine*. Andere Schreibweisen, die wir in der Literatur fanden, sind:

- Targine
- Targin
- Tagine
- Tadschin

Der Grund dafür ist natürlich, dass in Marokko der maghrebinische Dialekt des Arabischen gesprochen wird. Dieser weicht z.T. erheblich vom Hocharabischen ab und ist mit berberischen, französischen und spanischen Lehnwörtern durchsetzt. Weiterhin sind verschiedene Berberdialekte verbreitet. [Schetar/Köthe 2002, S. 20] Singuläre Begriffe lassen sich kaum ins Deutsche oder andere Sprachen übersetzen, wenn es für den Begriffsgegenstand in der jeweiligen Kultur keine Entsprechung gibt. Daher erfolgt die Übertragung als Transkription bzw. Lautschrift. Aufgrund der französischen Kolonialgeschichte Marokkos hält man sich dabei meist an die Regeln der französischen Sprache. Daher auch die Form *Tadschin*, die in der Literatur der 80er Jahre zu finden ist, denn „j" oder „dj" wird als „dsch" gesprochen.
In arabischer Schrift sieht das Wort laut Wikipedia übrigens so aus: طاجين

Da wir uns zunächst mit der Geschichte der Tongefäße an sich beschäftigen wollen, ist es sinnvoll, auch die beiden Begriffe *Lehm* und *Ton* zu unterscheiden.
Lehm ist eine Mischung aus Sand (Korngröße >63µm), Schluff (Korngöße >2µm) und Ton (Korngöße >2µm). Er entsteht entweder durch die Verwitterung von Fest- oder Lockergesteinen oder durch die Ablagerung der genannten Bestandteile. Nach der Entstehung unterscheidet man Berglehm, Gehängelehm, Geschiebelehm, Lösslehm und Auenlehm. Die Mischungsverhältnisse der Bestandteile variieren.
Tonminerale sind einerseits Minerale, die überwiegend feinstkörnig (Korngröße <2 µm) vorkommen, andererseits auch Schichtsilikate, die nach ihrer schichtartigen Kristallstruktur aus Silizium und Sauerstoff, sowie Wasserstoff und meist Magnesium und Aluminium benannt sind. Manche überwiegend feinstkörnig vorkommende Minerale, etwa Goethit oder Gibbsit, sind keine Silikate. Andererseits gibt es Schichtsilikate, wie z. B. Kaolinit, die oft größer als 2 µm sind. Tonminerale bezeichnen daher in der Regel solche Minerale, die beide Kriterien erfüllen. [Wikipedia]
Ton ist also ein *Bestandteil* von Lehm. Dabei besteht Ton aus Kornfragmenten von <2µm, während Lehm ein Gemisch ist. Keramische Gefäße sind aus dem feineren Ton, während Lehm in gebrannter oder ungebrannter Form vorwiegend als Baumaterial zum Einsatz kommt.
In der vorliegenden Literatur wird Ton immer als Material zur Herstellung der Tajines benannt. Nur [Walter] nennt es ein „Lehmgeschirr" und setzt es sogar ausdrücklich in Gegensatz zu Tongeschirren. Dies muss als offensichtliche Fehleinschätzung betrachtet werden und wird von uns im Weiteren nicht mehr berücksichtigt.

Kleine Kulturgeschichte des Töpferns

Das Bearbeiten von Stein und das Töpfern zählen zu den ältesten handwerklichen Verrichtungen der Menschheit. Seit prähistorischen Zeiten sind Gebrauchsgegenstände aus Ton verbreitet. Dank ihrer Materialeigenschaften haben sie sich in großer Zahl erhalten, so dass ganze Kulturen heute anhand ihrer Töpferwaren klassifiziert und sowohl zeitlich als auch regional eingeordnet werden können. Mehr noch – sogar prähistorische bis antike Warenströme und früheste kulturelle und wirtschaftliche Beziehungen lassen sich mit ihrer Hilfe nachweisen.

Wie das?
Es scheint ein Grundbedürfnis des Menschen zu geben, den Dingen, die er anfertigt oder mit denen er umgeht, ein charakteristisches Äußeres zu verleihen – ein Design. Bereits vom Steinzeitmenschen sind nicht nur Höhlenmalereien, sondern auch *verzierte* Gegenstände erhalten geblieben. Diese scheinbar sinnlosen, weil nicht funktionalen Ornamente, die keinem besonderen Zweck zu dienen scheinen, sind somit erste Regungen von Kunst. Sie mögen freilich Zwecke gehabt haben, die man nicht auf den ersten Blick erkennt, z. B. auf den Hersteller hinweisen oder auf dessen Sippenzugehörigkeit. Vielleicht waren es auch schon religiös-sakrale Symbole. Oder der erste Verzierungsschnitzer langweilte sich einfach an einem Regentag in seiner Höhle ...
Verzierung als Herstellermerkmal lässt darauf schließen, dass mit der Herstellung eines guten Produkts schon zu dieser Zeit ein persönliches Prestige verbunden war. Man wollte, dass die Produkte wiedererkennbar wurden, zuzuordnen waren.
Verzierung als Unterscheidungsmerkmal ermöglicht es auch, einen Gegenstand einem Besitzer zuzuordnen. Das Aufkommen von Privateigentum an derartigen Gegenständen kennzeichnet einen bestimmten Entwicklungsstand der menschlichen Gesellschaft, wie wir wissen.
Verzierung als Aufzeichnungsform ist ebenfalls von großer Wichtigkeit. Auf manchen antiken Gefäßen wurden Ereignisse bildhaft verewigt, die fast wie Comicstrips von Heldentaten, Krönungen oder Kriegen erzählen.

Abb. 2-4: römische Tongefäße mit verschiedenen bildlichen Darstellungen

Herstellungsformen und Verzierungen von Keramiken können heute zur Kennzeichnung und ethnischen Deutung von archäologischen Funden benutzt werden, da sie sich regional unterschieden und sich mit der Zeit signifikant veränderten. Beispiele sind die Bandkeramik, die Schnurkeramik oder die Glockenbecher. [Drost 1976]
Warum die Töpferei so früh in der Menschheitsgeschichte auftaucht, läßt sich leicht erklären. Die Notwendigkeit zur Aufbewahrung vor allem von Lebensmitteln und Wasser entstand mit dem Aufkommen einer Vorratswirtschaft in den frühen Ackerbaugesellschaften. Außerdem gab es einen Bedarf an Hilfsmitteln zur Speisenzubereitung. Die Menschen hielten in ihrer natürlichen Umwelt nach Gefäßen Ausschau. Schildkrötenpanzer und Kokosnussschalen fanden dort Verwendung, wo es sie gab, aus Pflanzen wurden Behältnisse geflochten oder geschnitzt, Tierhäute fungierten als größere Transportbehälter, doch das reichte nicht für alle Anwendungen. In der Steinzeit gab es sicher viele solche Gefäße, die aufgrund ihrer Materialeigenschften aber kaum noch erhalten sind. Diese Behälter dürften auch als Vorbild für die ersten Tongefäße gedient haben. Letztere gehen keineswegs auf eine gemeinsame Urform zurück. So wenig, wie die Erfindung des Tongefäßes nur an einer einzigen Stelle der Welt stattfand, so wenig hat man sich natürlich überall denselben Behälter als Muster genommen.
Man kann es wohl als eine der genialen Erfindungen der Menschheit ansehen, als ein Weg entdeckt wurde, praktisch aus „Erde“ die Dinge zu formen, die man benötigte. Dort, wo Ton offen zutage lag, mag man von der leichten Formbarkeit des Materials beeindruckt gewesen sein, und wenn die Formen dann zufällig in der Sonne trockneten, konnte man die Veränderung augenscheinlich beobachten, die mit ihm vor sich ging. Vielleicht spielten ja auch die frühzeitlichen Menschen als Kinder mit solchem Schlamm und irgendwer erinnerte sich als Erwachsener an diese Erfahrung?

Abb. 5: auf verschiedene Weise verzierte Gefäße im Kelten-Römer-Museum Manching

Eine flache Schale aus Ton zu formen und in der Sonne trocknen zu lassen, wäre dann wohl der nächstliegende Schritt. Ein Anderer mag beobachtet haben, wie sich der Ton veränderte, welcher mit Feuer in Berührung kam. Sicher musste lange „experimentiert" werden, um das Brennen von Tongefäßen zu perfektionieren, doch irgendwann hatte sich diese Technologie über die ganze Erde verbreitet – der Mensch war zum Schöpfer ganz neuer Gegenstände geworden, die so in der Natur nicht vorkamen. Wen wundert es da noch, wenn die Bibel beschreibt, woraus Gott den ersten Menschen erschuf? „Da machte Gott der HERR den Menschen aus Erde vom Acker ..." [1. Mose 2, 7]

Wie es in den einzelnen Fällen vor sich ging, wird man niemals genau nachvollziehen können. [Behrens 1922] schreibt dazu in etwa folgendes: Wenn der vorzeitliche Mensch, der schon über das Feuer verfügte, in seiner Herdgrube die Wirkung des Feuers auf Lehmwandungen bemerkte, kam ihm vielleicht die Idee, diese verfestigte Grube von der Asche zu säubern und als Vorratsbehälter zu verwenden. Es ist dann nur ein logischer Schritt, speziell angelegte Gruben mit Lehm auszukleiden und diesen durch Feuer zu härten. Bald dürfte der Wunsch nach einem solchen transportablen Behältnis aufgekommen sein.
Eine andere Möglichkeit, auf den Gedanken zu kommen, aus Ton Gefäße zu formen und durch Feuer zu härten, besteht darin, dass man zunächst die vorhandenen aus Binsen oder Weiden geflochtenen Behälter durch das Bestreichen mit Ton wasserdicht zu machen versuchte. Verbrannte das Geflecht, blieb entweder ein gehärtetes „Gefäß" zurück oder zumindest ausgehärtete Bruchstücke, die unseren Vorfahren zu denken gegeben haben dürften. Es ist sogar möglich, dass später verwendete Muster auf die Spuren solcher „Gerüste" zurückgehen.
Der wahrscheinlichste Vorgang ist, dass vorhandene Behälter aus anderen Materialien in Ton nachgeahmt wurden. Die Formen frühester Tongefäße deuten darauf hin, dass zunächst die bereits in Gebrauch befindlichen Gerätschaften wie Rinderhörner, Kürbisse, große Vogeleier, Muscheln, Tierhautbeutel, hölzerne Schüsseln und Trinkmulden usw. nachgestaltet wurden. Da die verschiedenen jungsteinzeitlichen Kulturen nicht alle dieselben Vorbild-Behälter nutzten, liegt hier schon ein Keim einer diversifizierten Entwicklung (s. nächste Seite). Beobachtungen in verschiedenen quasisteinzeitlichen Kulturkreisen der Neuzeit scheinen diese These zu stützen. Bei Eingeborenen in Brasilien fand man Holzgefäße, die außen mit einer Tonschicht verkleidet waren. Am Mississippi besaßen Indianer aus Binsen oder Weidenruten geflochtene Behälter, die innen mit Ton abgedichtet waren. Verbrannte das Flechtwerk, ließ sich der Tonkern tatsächlich als selbstständiges Gefäß verwenden.

Das Ende der Lebensweise als Jäger und Sammler ist der Zeitpunkt, an dem die Töpferei „erfunden" wurde. In Mittel- und Süddeutschland gibt es Tongefäße seit ca. 6500 Jahren. Die Ackerbauern und Viehzüchter verfügten bereits über eine große Vielfalt an Tonwaren. Erst zum Anfang der Bronzezeit (1500 bis 900 v.u.Z.) geht die Keramikherstellung etwas zurück, um in der Eisenzeit (500 v.u.Z. bis 500 u.Z.) wieder einen Aufschwung zu erleben.
Töpfereierzeugnisse verwittern ähnlich schlecht wie Plastik. Was Archäologen finden, sind in der Regel Scherben, also was auf den Müllplätzen der steinzeitlichen Siedlungen landete. Als Grabbeigaben findet man z. T. auch intakte oder zumindest vollständige Stücke. Anhand von organischen Resten konnte man mit der Kohlenstoff-Methode (C_{14}-Methode) viele dieser Reste genau datieren und besitzt nun mit den Scherben ein Mittel zur Einordnungen von archäologischen Funden.

Es gibt verschiedene Herstellungsverfahren für Töpferwaren, die sich manchmal nicht sicher rekonstruieren lassen, da unterschiedliche Tech-

Abb. 6: Die Entwicklung des Trichterbechers: links die an der Natur angelehnte Urform, rechts die „verfeinerte" Form

Abb. 7: Jungsteinzeitliche Gefäße im „Lederstil"

Abb. 8: Jungsteinzeitliche Gefäße im „Flechtstil"

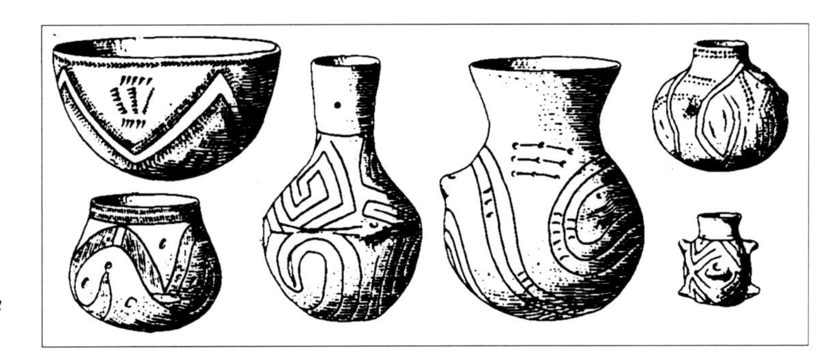

Abb. 9: Jungsteinzeitliche Gefäße im „Kürbisstil“

niken zum selben Ergebnis führen können oder spätere Überarbeitungen die Herstellungsspuren verwischt haben.
Das Material, der Ton, ist in der Regel in oberirdisch anstehenden Schichten zu finden. Er tritt teilweise rein auf, teilweise von Sand, Kalk, Eisen usw, verunreinigt (als Lehm). Er kann allerdings nicht sofort verarbeitet werden. Zunächst wird er geschlämmt, getrocknet und gesiebt, damit die Masse eine gleichmäßige Konsistenz erhält. Oft werden ihm dabei „Zutaten“ wie Glimmer beigegeben, welche die Eigenschaften des Gefäßes verbessern oder es einfach nur ansehnlicher machen sollen.
Die frühgeschichtlichen Tonwaren wurden ohne Drehscheiben und Glasur hergestellt. Häufig war die Aufbautechnik, bei der ein Gefäß aus Tonwülsten, -würsten oder -bändern schrittweise aufgebaut wurde. Kleinere Gefäße lassen sich auch freihändig aus einem Tonblock herausarbeiten bzw. -treiben.
Die ersten Drehscheiben wurden in Deutschland in der jüngeren Eisenzeit verwendet, in Ägypten und Griechenland war sie schon länger bekannt.

Ebenso gibt es verschiedene Verfahren, um die Gefäße zu brennen. Erst dieser Vorgang macht sie gebrauchsfähig. Nur in der Sonne getrocknete Tongefäße wären gegen Feuchtigkeit zu anfällig und höchstens zur Aufbewahrung trockener Güter geeignet. Die einfachste Methode ist der Feldbrand bzw. das Brennen am offenen Herdfeuer. Hierbei werden die Produkte praktisch in einer offenen Feuerstelle gebrannt. Es liegt auf der Hand, dass diese Methode ungleichmäßig auf das Brenngut wirken muss. Daher dürften so hergestellte Tongefäße nur von minderer Qualität sein.
Um die Hitze besser wirken zu lassen, wurde das Feuer dann in einem Erdloch angelegt, später eine Haube aus Lehm darüber gebaut, die nach dem Brand zerschlagen wurde. Das Prinzip des Töpferofens war entdeckt.
Erst die Verwendung eines Brennofens garantiert ein gleichmäßiges Brennen und auch eine vergleichsweise höhere Brenntemperatur. Gerade in Afrika dienen auch Brotöfen gleichzeitig zum Brennen von Tonwaren, es gibt in der dortigen eher gewerblich betriebenen Töpferei aber natürlich auch spezielle Öfen nur für Keramik. Zur Befeuerung dient Holzkohle oder Holz.
Vorgeschichtliche Gefäße, die eine schwarzbraune oder grauschwarze Färbung haben, wurden bei etwa 400 °C gebrannt. In der jüngsten Eisenzeit erreichte man bereits 900 °C. Die Gefäße wurden klingend hart und gelb, braun oder rötlich je nach Tonart.
Bis bei den Öfen eine Trennung zwischen Heizraum und Brennraum eingeführt wurde, lagerten sich Ascheteilchen auf dem Brenngut ab, welche die Qualität beeinträchtigten. Solche Konstruktionen sind erst in der älteren Eisenzeit nachgewiesen.

Die Möglichkeiten für die Nutzung keramischer Produkte sind außerordentlich vielfältig. Sie dienten (und dienen natürlich auch heute) als Vorratsbehälter für landwirtschaftliche Erzeugnisse wie Getreide, Mehl, Früchte, Milch usw. oder als Wasserbehälter und -transportmittel. Feuerfeste Tongefäße wurden als Kochtöpfe verwendet. Es gab Trinkgefäße genauso wie Urnen zur Bestattung der sterblichen Überreste oder Öllampen aus Keramik. Obwohl das einfache Volk sicher eher aus Holzbechern trank und von Holztellern aß, sind aus dem Mittelalter auch reich verzierte tönerne Teller und Trinkbecher überliefert. In der Hochzeit der Keramiknutzung gab es praktisch für jeden Verwendungszweck ein spezielles Gefäß. Dies kann man genau nachvollziehen, betrachtet man die Vielfalt der Tonwaren, die beispielsweise in Marokko hergestellt werden und die [Vossen/Ebert 1986] akribisch beschreibt. Gerade in den wärmeren Klimaregionen kommt ein besonderer Vorteil unglasierter Tongefäße zum Tragen. Durch die Poren verdunstet Feuchtigkeit und kühlt so den Inhalt durch die Verdunstungskälte. Wasser oder andere Flüssigkeiten bleiben in derartigen Behältern länger frisch.

Die Entwicklung ging, wie [Behrens 1922] ausführt, von natürlichen Vorbildformen aus. Es leuchtet nicht auf den ersten Blick ein, warum man ein Gefäß mit gerundetem Boden herstellen sollte, dem dadurch die Standfestigkeit fehlt. Es ist möglich, dass dieser kugelige Boden zunächst in Nachahmung eines Lederbeutels, eines Kürbisses oder geflochtenen Behälters entstand. Von letzteren könnten geflochtene Standringe für die Gefäße stammen, die nicht erhalten geblieben sind. Die kugelige Form hat andererseits den Vorteil, dass sie den größtmöglichen Inhalt fassen kann.
Die frühesten Tongefäße in Deutschland sind flache, dickwandige Näpfe und hohe Behälter mit spitzem Boden (Abb. 6, links) aus der mittleren Steinzeit. Sie charakterisieren die erste sesshafte Kultur von Ackerbauern und Viehzüchtern in der Region, die in Norddeutschland ansässig war.

Flache Schalen sind die primitivsten Formen der Tongefäße. Sie lassen sich schon von der Form einer hohlen Hand herleiten. Die Becherform dagegen differenzierte sich mit der Zeit immer mehr aus, wie Abb. 6 zeigt.
Im Rheinland taucht dagegen der „Lederstil" auf, der sich durch gerundete Profile kaum mit Standflächen auszeichnet (Abb. 7). Gleichzeitig entwickelte sich in Mittel- und Nordwestdeutschland eine Keramik im „Flechtstil", die reich verziert erscheint (Abb. 8). Aus ihr scheint die sogenannte Schnurkeramik hervorgegangen zu sein, bei der das Muster durch Eindrücken von Schnüren in die feuchte Tonmasse erzeugt wurde.
Der weiterhin abgebildete „Kürbisstil" kommt eher aus dem Südosten über Tauschbeziehungen ins Gebiet von Deutschland.

Die Bronze- und Eisenzeit drängte das Tongefäß zwar etwas zurück, konnte es aber nicht ganz auslöschen. Der Hauptgrund dafür ist, dass zur Herstellung metallener Gefäße technologische Voraussetzungen nötig sind, die man nicht zu Hause vorfindet. An den Gefäßen dieser Zeit zeigen sich jedoch Merkmale, die auf eine Nachahmung von Metallgefäßen hindeuten. Das Tongefäß wurde offenbar als billiger Ersatz betrachtet.

Von Anfang an wurden Tongefäße verziert, wie bereits ausgeführt. Aus dem Neolithikum und der Bronzezeit ist eine Vielfalt von Gestaltungsformen bekannt, die auch schon Farbgebung einschloss, etwa durch Einbringen von Kalkmehl in die Rillen. Auch hier sind große regionale Unterschiede zu beobachten. Im Bereich von Deutschland gibt es kaum bemalte Keramik aus der Steinzeit, während sie etwas weiter südlich häufig ist. In der Hallstattzeit tauchen auch in Deutschland farbige Gefäße auf, vor allem in roten Tönen. Die farbliche Gestaltung scheint regelrechten Moden unterworfen gewesen zu sein, denn erst in der jüngeren Eisenzeit finden wir ähnliches im deutschen Raum wieder.

Abb. 10: Bemalte Gefäße aus der älteren Eisenzeit

Gerade anhand der Verzierungsformen und ihrer Entwicklung lassen sich die vielfältigen Beziehungen unter den Kulturen dieser Zeit nachweisen. Vor allem aus den südlicheren Regionen gelangten oft bereits höher entwickelte Erzeugnisse nach Norden und wurden schnell nachgeahmt und abgewandelt.

Im Mittelalter entwickelte sich die europäische Töpferei von der Hausproduktion für den Eigenbedarf zum spezialisierten Handwerk. Damit wurde sie vom Frauen- zum Männerberuf. Neben der Einführung der Töpferscheibe ist es die Verbesserung der Brennverfahren, an denen die Entwicklung deutlich wird. Im Bemühen, die Gefäße immer höher zu brennen, damit sie fester und feuchtigkeitsundurchlässiger wurden, entwickelte man etwa im 14. Jahrhundert das sogenannte Steinzeug oder Steingut. Heutige Beispiele sind Bierkrüge oder auch Steinhäger-Flaschen. Da für das Herstellen von Steinzeug spezielle Tone erforderlich sind, konnte es nur in bestimmten Regionen produziert werden, bildete aber dank der vorhandenen Handelsbeziehungen in Europa bald eine Konkurrenz zum weniger stabilen Tongeschirr.

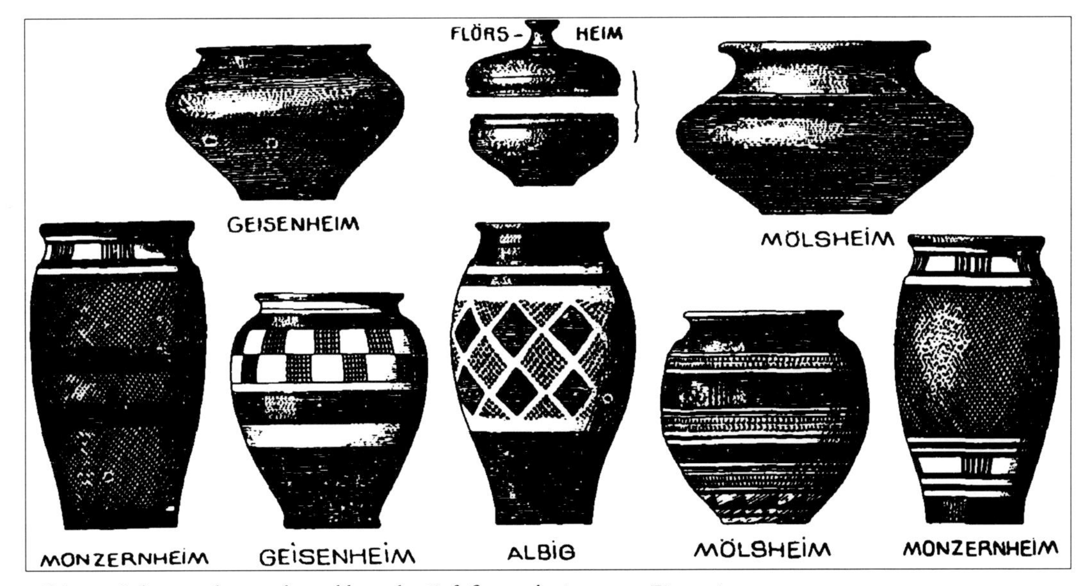

Abb. 11: Schwarz glänzende und bemalte Gefäße aus der jüngeren Eisenzeit

Wasserdichtigkeit – obwohl dem Kühlungseffekt entgegenwirkend – ist für Gefäße wichtig, weil ins Material eindringende Flüssigkeit, vor allem bei Milch, sich im Material zersetzt und schließlich zu üblen Geschmacksveränderungen führen kann. Man erreicht diese Dichtigkeit durch das Glasieren der Gefäße. Etwa im 16. Jahrhundert kam dieses Verfahren in Deutschland auf. Beim Glasieren wird eine leicht schmelzende Glasmasse als Rohmaterialgemisch auf ein Gefäß aufgetragen. Beim Brand schmilzt sie und versiegelt die Oberfläche. Die Annahme ist nicht abwegig, dass Beobachtungen bei Hausbränden die Menschen auf diese Idee brachten, wie auch das Brennen von Keramik an sich so initiiert worden sein könnte. Glasuren können aus Feinsand, Ton, Holzasche und Blei hergestellt werden, deshalb spricht man auch oft von Bleiglasur. Durch den Zusatz anderer Metalloxide entstehen außerdem die verschiedensten Farbtöne – braun durch Mangan, grün durch Kupfer.
Das Glasieren war nicht ohne Probleme, da die Schmelze leicht herabfloss, wenn die Temperatur zu hoch war. Dabei wurde das Gefäß entweder nicht vollständig glasiert oder es verschmolz sogar mit anderen. Solche Anbackstellen findet man häufig auf den Waren dieser Zeit. [Arnold 1992]
Um das Problem zu umgehen, beschränkte man das Glasieren oft auf die Innenwände der Gefäße – was ja auch vom Gebrauchszweck Sinn macht.

Wenn heute beim Wort Blei sofort die Alarmglocken läuten, war dessen Gesundheitsschädlichkeit im Mittelalter unbekannt. Bleiglasur ist also nicht unproblematisch, vor allem, da Säuren und Fette, die in Lebensmitteln enthalten sind, sie anlösen können. Wahrscheinlich waren auffällige Geschmacksveränderungen jedoch Warnung genug, um den entsprechenden Krug nicht mehr zu verwenden, so dass die Glasur nur selten schlimme Auswirkungen gehabt haben dürfte.
Während eingeritzte oder eingedrückte (z. B. Schnurkeramik) Dekorationen schon aus der Frühzeit der Töpferei bekannt sind, taucht gemaltes Dekor erst wieder Mitte des 16. Jahrhunderts in Europa auf. Im 17. Jahrhundert findet man dann nicht nur auf den aus dem Süden oder den Niederlanden stammenden Keramiken ein reiches Dekor, sondern es setzte sich auch auf deutschen Produkten durch, was sicher auch an der Konkurrenz lag.

Nicht nur das Ausland bildete eine solche – mit der Erfindung und Verbreitung des Porzellans und der preisgünstigeren Verfügbarkeit metallener Kochutensilien begann der endgültige Niedergang von Tongeschirr in Europa. Im Gegensatz dazu kann man sagen, ohne eine Wertung damit auszudrücken, dass Afrika und andere arme Regionen der Welt in dieser Beziehung auf dem Stand des Mittelalters verblieben sind.

In Deutschland ist das Töpfern als Handwerk seit dem 19. Jahrhundert immer weiter zurückgegangen. Heute wird vor allem Kunstkeramik hergestellt und die alte Tradition von Hobbytöpfern am Leben erhalten. Im industriellen Maßstab stellt man freilich Keramiken für immer neue Anwendungszwecke her, sogar am Space Shuttle finden sie Verwendung. Das Material an sich hat noch lange nicht ausgedient, soviel kann man sicher sagen.

Wir werden die Entwicklung einzelner Töpferkulturen später noch an ausgewählten Beispielen aus der ganzen Welt betrachten.

Abb. 12: Der Töpfer, Holzstich nach Oscar Pietsch

Eingangs erwähnten wir bereits, dass Ton und Lehm zwei verschiedene Dinge sind, was vielen nicht klar zu sein scheint, geht man nach der oft verwirrenden Benutzung der beiden Begriffe. Erstaunlicherweise findet man auch in Lexika widersprüchliche Beschreibungen. So meint das in einer Internet-Diskussion zitierte Goldmann Lexikon: „Lehm (sei) quarzhaltiger, kalkfreier Ton, durch Eisenverbindungen gelbbraun gefärbt; entsteht durch Verwitterung von Granit und Gneis, durch Entkalkung des Löß sowie durch Gletscherablagerung (Blocklehm) im Bereich der Grundmoräne.“ Das stimmt so offensichtlich nicht, denn man kann Lehm nicht als eine Art Ton ansehen. Ton ist *ein Bestandteil* von Lehm! Aber Ton kommt auch in mehr oder weniger reiner Form vor – und das ist der Stoff, um den es bei der Töpferei geht.
In diesem Kapitel soll das Material in aller Kürze genauer betrachtet werden.

Wie in der Begriffsbestimmung auf S. 8 erwähnt, sind Tonminerale feinstkörnige Schichtsilikate. Man betrachtet sie nicht als Gestein, sondern als eine Bodenart – ebenso wie Lehm oder Löss. Tonminerale entstehen an der Erdoberfläche durch Verwitterung von anderen Mineralen oder Gläsern oder bilden sich neu aus übersättigten Bodenlösungen oder hydrothermalen Wässern. Grundlage sind dabei feldspatführende

Abb. 13: quartärer Ton (400 000 Jahre alt) in Estland

Gesteine. Ton enthält daher Aluminiumoxid und Siliziumdioxid. Bei der Diagenese kommt es zu Ordnungsprozessen im Kristallgitter der Tonminerale, die als Maß für die Reife eines Sediments verwendet werden können.
Tonminerale sind sehr weich (Mohs-Härte 1) und reagieren plastisch auf mechanische Beanspruchung. Sie wandeln sich beim Erhitzen in härtere und festere Minerale um (Keramik). Tonminerale besitzen eine große spezifische Oberfläche, an die Stoffe adsorbiert und desorbiert werden können. Mit der großen Oberfläche ist eine hohe Kationenaustauschkapazität verbunden. Tonminerale haben eine geringe Wasserdurchlässigkeit. Daher bilden Tonschichten im Boden oft Grundwassersperren. Suspensionen von Tonmineralen reagieren thixotrop auf mechanische Beanspruchung. Dies bedeutet, dass eine Tonmasse ähnlich Knetmasse oder Kitt durch die mechanische Beanspruchung wie eben das Kneten weicher wird. Ein extremes Beispiel für eine thixotrope Bodenmasse ist Treibsand, der durch Erschütterung in einen quasi-flüssigen Zustand übergeht.
Die Art und der Anteil der Tonminerale in Böden bestimmt maßgeblich deren Fruchtbarkeit. 2:1-Tonminerale besitzen eine höhere Kationenaustauschkapazität als 1:1-Tonminerale und können daher mehr Nährstoffe wie Kalium- oder Ammoniumionen an Pflanzen abgeben, während sie die von den Wurzeln abgegebenen Hydroniumionen an deren Stelle in ihrer Zwischenschicht einlagern. Der kristallographische Ordnungsgrad des Tonminerals Illit wird von Mineralogen verwendet, um die Zeit zu bestimmen, die seit der Ablagerung eines Sediments vergangen ist. Er nimmt mit fortschreitender Diagenese zu. (Letzteres ist der geologische Prozess der Verfestigung von Lockersedimenten und die Veränderung der Gesteine unter verhältnismäßig niedrigen Drucken und Temperaturen bis zu ihrer Abtragung.) [Wikipedia]
Im Gegensatz zu anderen Sedimenten wie Sand- oder Kalkstein ist Ton ein unverfestigtes Lockersediment. Tone setzen sich im Meer, in Seen und Flüssen sowie in den Schmelzwässern von Gletschern ab, was auch Anhaltspunkt für die Suche nach Tonlagerstätten ist. Oft finden sich diese an oder nur wenig unter der Erdoberfläche, es werden aber auch manche Tone unter Tage abgebaut.
Aufgrund der Art und Weise seiner Entstehung ist Ton überall auf der Welt zu finden, allerdings auch in sehr unterschiedlich ausgeprägter Qualität. Manche Tone eignen sich sehr gut für die Herstellung von keramischen Gefäßen, andere eher weniger.
Man unterscheidet zwischen primären und sekundären Tonen. Primäre Tone, zu denen vor allem Kaolin gehört, kommen im Gebirge vor und sind absolut rein, da ein direktes Verwitterungsprodukt. Sekundäre Tone sind sedimentierte Gemische. Sie werden durch Wind und Wasser transportiert und schließlich abgelagert. Deshalb sind sie u. a. mit Eisen, Pottasche, Glimmer, Kreide oder Kalk vermischt. Das macht sie plastisch und – in der Verarbeitung – für niedrige Brenntemperaturen geeignet. Die primären Tone haben dagegen eine niedrigere Plastizität.

Als natürliches Material ist Ton üblicherweise verunreinigt und von ungleichmäßiger Struktur. Daher muss er vor der Verarbeitung aufbereitet werden. [Notini 1987] zählt uns die sieben Schritte der traditionellen Aufbereitung von Ton auf:

1. Zuerst soll der Ton vollkommen austrocknen. Dies kann entweder durch die Sonne oder im Ofen geschehen.
2. Der Ton wird in kleine Stücke von etwa 3 cm Größe zerschlagen und in einem Gefäß 10 cm hoch angehäuft.
3. So viel Wasser wird zugegeben, dass der Ton gerade so von ihm bedeckt ist. Er löst sich nun im Wasser und geht auf.
4. Wenn der Ton nach 5 bis 8 Stunden vollkommen aufgelöst ist, gießt man das überschüssige Wasser ab und rührt den Tonbrei um.

5. Der Tonbrei wird dann durch ein feines Sieb gestrichen, so dass Verunreinigungen und Fremdkörper herausgefiltert werden.
6. Der gesäuberte Ton wird auf Tücher oder Sackleinen gegossen, die zusammengerollt werden, um das Wasser herauszupressen.
7. Die Bündel werden mehrfach gewendet und nach einigen Tagen hat der Ton die gewünschte Konsistenz.
So oder ganz ähnlich wurde Ton seit Anbeginn des Töpferns auf der ganzen Welt bearbeitet. Industriell sieht das natürlich anders aus, der Vorgang ist der gleiche: Mechanische Rührwerke in riesigen Behältern kommen zum Einsatz, der halbflüssige Tonschlicker wird durch Filterpressen gepumpt ...
Doch bevor man zur Aufbereitung des Tons kommen kann, muss er natürlich erst einmal der Erde entrissen werden.
In Deutschland liegen die reichhaltigsten Tonvorkommen in Mitteldeutschland und der Voreifel, in der Oberpfalz, im Westerwald und im Harz. [Trevor 1974] Am Gebiet des Westerwaldes wollen wir beispielhaft etwas genauer auf die Förderung eingehen.
In Rheinland-Pfalz werden mehr als 3 Mio t Ton jährlich gefördert.

2002	3250736 t
2003	3131626 t
2004	3330732 t [2]

Die Zahlen des verwertbaren Anteils liegen dabei jeewils um etwa 10000 t niedriger.
Der deutsche Gesamtversand an Ton lag 2007 bei ca. 4,4 Mio t [1], d.h. dass Rheinland-Pfalz wohl den weit größten Anteil an der Förderung hat. Im Gesamtverbrauch der Bodenschätze liegt Ton mit 0,702 kg pro Kopf eher hinten – Kies und Sand haben etwa 11 kg, Braunkohle 5,5 kg zu verbuchen (2001). Von größter Bedeutung sind dabei die besonders feuerfesten Tone, da sie sich nicht nur für Haushaltswaren eignen, deren Aufkommen am Verbrauch gering ist, sondern vor allem für die Herstellung von Bau- und Industriekeramik eingesetzt werden, z.B. als Schamotte für Hochöfen. Diese sind im Westerwald am weitesten verbreitet.

Die Tradition des Tonabbaus im Westerwald geht wenigstens auf das Ende des 16. Jahrhunderts zurück, als sich hier einige Töpfermeister ansiedelten. Im 17. Jahrhundert zählte man 239 Brennöfen von sogenannten „Kannenbäckern". Neben den Handwerkern betrieb aber auch die verarmte Landbevölkerung der Gegend die Töpferei für den Eigenbedarf und als Nebenerwerb. Als der Westerwald 1815 an Nassau fiel, wurde die Freiheit des Töpfer- und Kannenbäckerhandwerks von der Regierung gefördert. 1866 wurde der Westerwald preußisch, was wieder eine Änderung der Bergbauregeln zur Folge hatte.
Der Ton wurde hier sowohl im Tagebau als auch im Glockenschachtbau betrieben. Letzterer wurde 1942 verboten. In den 50er Jahren des vorigen Jahrhunderts begann man, Schrägstollen und Schächte anzulegen, um den hochwertigen Ton aus der Tiefe zu gewinnen.

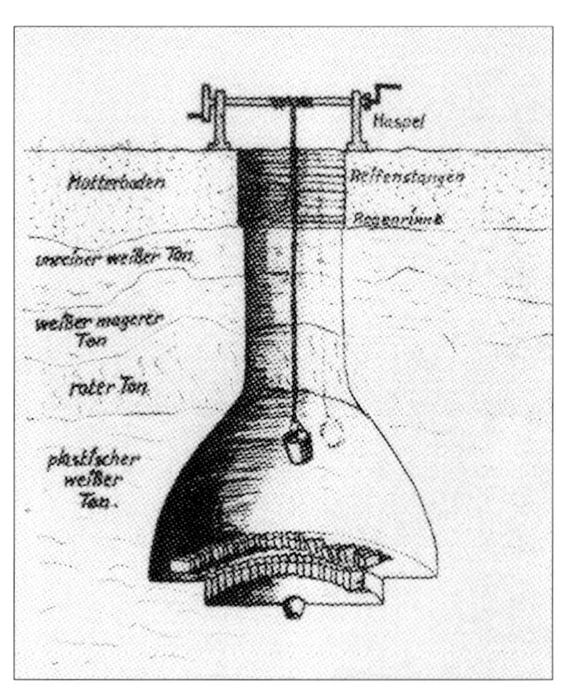

Abb. 14: Glockenschacht durch verschiedene Tonschichten

Abb. 15: Tagebau im Westerwald – deutlich sieht man die helle Tonschicht unter einer massiven Deckschicht

Warum Glockenschächte in der Neuzeit verboten wurden, kann man anhand der Skizze (Abb. 14) leicht erkennen. Ohne bergmännische Abstützung der überhängenden Massen waren diese Löcher einfach lebensgefährlich. Außerdem gestaltete sich der Abbau uneffektiv, da man nur eine geringe Strecke seitlich vortreiben konnte.

Wo kommt der Westerwälder Ton her?
Bis zum Beginn des Tertiärs war das Gebiet Festland, auf dem die Gesteine des Devon verwitterten und abgetragen wurden. Im fast tropischen Klima entstand eine bis zu mehrere zehn Meter mächtige tonige Verwitterungsdecke. Im Tertiär verstärkten sich tektonische Bewegungen im Rheinischen Schiefergebirge und bestimmte Gebiete senkten sich ab, so auch in der Ebene des Westerwaldes. Die tonigen Zersetzungsmassen des devonischen Gebirge wurden durch fließendes Wasser abgetragen und in den Senkungsbereichen abgelagert. Die Fließgeschwindigkeit des Wassers hatte dabei einen großen Einfluss auf die Ablagerung. Es gibt im Westerwald zwei unterschiedliche Tonablagerungen aus dem Eozän/Oligozän und dem oberen Oligozän, die oft durch Sand- und Kiesfolgen getrennt sind. Im oberen Oligozän steigerte sich die Absenkungstendenz, so dass nur noch Sand und Kies abgelagert wurden. Gleichzeitig begann eine Periode erhöhten Vulkanismus' im südwestlichen Westerwald. Der Überlagerung durch vulkanisches Material verdankt der Ton dieser Region seine Erhaltung. Die weitere Hebung des Rheinischen Schiefergebirges, die auch den Westerwald um 200 m anhob, hätte sonst sicher zur Erosion der Tonlager geführt.

Bei den erwähnten Verwitterungsprodukten devonischer Gesteine handelte es sich also um Primärlagerstätten. Der Ton wurde während der tektonischen Veränderungen jedoch verlagert, so dass sich nunmehr sekundäre Lager bildeten. Die Landschaft muss im Tertiär einem riesigen, weit verzweigten Flussdelta geglichen haben. In mehreren räumlich getrennten „Mulden" lagerte sich nun der durch das Wasser nach Korngröße „sortierte" Ton schichtweise erneut ab. Der Vorgang wurde im Oligozän durch sandige Ablagerungen (s. o.) unterbrochen, als sich die Bedingungen für eine gewisse Zeit veränderten. [Mayen 1998]

Bei den heutigen Lagerstätten handelt es sich dennoch nur um Reste, die sich in den geschützten Becken erhalten haben. Der größte Teil der ursprünglichen Sedimente dürfte vom rheinischen Flusssystem und vier Eiszeiten wieder abgetragen worden sein.

Abb. 16: Blauer Stollen – Abbau mit Pressluftspaten

Abb. 17: Grube Hahnenberg in den 20er Jahren

Das Rätsel der griechischen Vasen

Kommt die Sprache auf antike Tongefäße, fällt den meisten wohl Griechenland ein. Nun waren die alten Griechen nicht die einzigen, bei denen Töpferwaren einen bedeutenden Bestandteil ihrer Kultur darstellten, aber beginnen wir mit ihnen.

In der Zeit der hellenischen Hochkultur war Ton das am weitesten verbreitete und billigste Material für Gefäße und andere Behälter, doch auch für Gerätschaften, Kaminplatten, Dachziegel und sogar Bewässerungssysteme (Wasserrohre!) fand dieses Material bereits Verwendung. Die griechische Amphora ist geradezu sprichwörtlich. Das Glas hatte man gerade erst entdeckt und es war noch selten und kostbar, Metalle wie Bronze waren teurer und nicht so leicht herzustellen.

Neben robuster Gebrauchskeramik gab es schon in der Antike die Feinkeramik – dünnwandige, sorgfältig gebrannte und schön verzierte Waren. Diese spielte in Griechenland eine wichtige Rolle. Bemalte griechische Tongefäße zeichnen sich durch einen Bilderreichtum aus, der in seiner Dichte und Komplexität unübertroffen ist. Die Hellenen hatten im Alten Orient und Ägypten Vorläufer, wenn nicht sogar Vorbilder, doch dort spielten bemalte Gefäße nicht eine derartige Rolle wie im antiken Griechenland und waren von einfacherer Machart. Eher liegen die Ursprünge in der kretisch-mykenischen Epoche vor dem Aufstieg der griechischen Kultur im frühen 1. Jahrtausend v.u.Z.; obwohl kretische Keramik verglichen mit der späteren regelrecht grob wirkt, besitzt sie dennoch interessante Bemalungen.

Etwa 700 v.u.Z. begann es mit dem geometrischen Stil, darauf folgten ständige Wechsel in Formgebung und Schmuck: Zunächst kam der orientalisierende oder früharchaische Stil, der formale und motivische Anregungen der altorientalischen Kunst verarbeitete. Bis ins 6. Jahrhundert v.u.Z. prägte sich die archaische Formensprache aus. Dann folgte im 5. und 4. Jahrhundert v.u.Z. die klassische Epoche, denn die griechische Kultur dieser Zeit wurde später von der abendländischen als Vorbild genommen und damit zur Klassik. 300 v.u.Z. ging die Produktion bemalter Gefäße schließlich zurück, während andere Kunstformen einen Aufschwung erlebten.

Heute sehen wir in den griechischen „Vasen"[1] archäologische oder Kunstobjekte. Doch was waren sie in der Antike? Zu welchem Zweck fertigte man sie an und warum wurden sie so aufwändig bemalt? Waren sie vielleicht so etwas wie Geschichtsbücher oder gar Tageszeitungen? Die typische Bemalung dieser Tongefäße muss einen Sinn gehabt haben, denn sonst hätte man ja auch abstrakte Muster wie anderswo verwenden können. Nein, die Griechen bildeten Szenen aus ihrem Leben ab, Heldengeschichten und ihre Götter!

Die Deutung der Bilder und die Frage nach der Verwendung der Vasen beschäftigt die Archäologie seit 200 Jahren. Waren es Kult- oder Gebrauchsgegenstände oder sogar einfach nur dekorative Kunst? Dienten die Bilder Ritualen oder der Belehrung? Kopierte man vielleicht Wandbilder oder andere Gemälde, die längst verloren sind?

Das bekannteste griechische Gefäß, die Amphora, besitzt eine seltsame Form, denn es läuft nach unten oft so spitz aus, dass es nicht frei stehen kann. Dafür besitzt es zwei Henkel am Hals. Der Grund dafür ist, dass Amphoren auf der Schulter getragen wurden, jedenfalls ursprünglich. Wasserholbehälter in Afrika haben noch heute diese Gestalt.

[1] Es sind natürlich keine Vasen im heutigen Sinne gewesen, doch der Sammelbegriff hat sich eingebürgert.

Neben der Amphora kennen wir eine Vielzahl anderer antiker Gefäße, deren Verwendung z. T. durch die Bemalung selbst erklärt wird, wenn diese z. B. Szenen von Trinkgelagen wiedergibt. Das weckt den Verdacht, dass es sich vielleicht um Werbebotschaften der Hersteller handeln könnte – aber das wäre wohl ein zu frivoler Gedanke. Gelage und Bankette gehörten zum Leben der griechischen Oberschicht und Bürger. Und zu ihnen gehörten wahrscheinlich die prunkvollen Gefäße für Getränke und Speisen. Man hatte nicht etwa eine Schüssel für alles mögliche, sondern die Form folgte dem Zweck. Für jede Einzelheit gab es spezielle Gefäße. Nicht nur für Nahrungsmittel und Getränke, sondern auch für Salben und Öle wurden Tongefäße hergestellt, denn schon zu Homers Zeiten rieb man sich gegen Sonne und Staub mit Ölen ein – Männer wie Frauen.

Obwohl uns Abbildungen auf den Gefäßen deren Gebrauch zu zeigen scheinen, ist nicht klar, ob es sich dabei tatsächlich um diese Art Gefäße handelt oder ob die bemalten so etwas wie Luxusausführungen darstellten. Dafür würde auch sprechen, dass sich bemalte Varianten gegenüber unbemalten durch eine größere Formenvielfalt auszeichnen. Effiziente Alltagsgefäße hier und verspielte Kunst dort?

[Scheibler 1983] kommt zu dem Schluss, dass „eine Amphora, auf der mythische und festliche Bilder erscheinen [niemals] als Vorratskrug verwendet wurde." [S. 29] Es sei auch unwahrscheinlich, dass kostbare, stoßempfindliche Hydrien mit Figurenbemalung wirklich zum täglichen Wasserholen benutzt worden sind. Wozu dienten diese Behälter aber dann?

Einige waren offensichtlich als Grabschmuck und Grabbeigabe gedacht – als was man sie schließlich auch ausgrub. Viele Hinweise deuten darauf hin, dass diese Form der Tongefäße ausschließlich zu Bestattungsriten u. ä. kultischen Handlungen verwendet wurde. Einige der bildlichen Darstellungen könnte man somit als Berichte über Ereignisse im Leben des Verstorbenen deuten. Umfangreicher Totenkult war in der Antike verbreitet, wie wir schon aus dem alten Ägypten wissen.

Abb. 18: griechische Opferschale

Obwohl die Verwendung durch Funde belegt ist, heißt das nicht, dass sämtliche bemalten Tongefäße der Antike dem Totenkult dienten. Sie wurden ebenso in Wohnhäusern gefunden. Einige Formen dieser Keramik wurden tatsächlich verwendet. Das war vor allem Kleinkeramik, wie Ölfläschchen, Kelche und Teller. Vermutlich diente sie festlichen und repräsentativen Zwecken: das gute Geschirr also. Außerdem taucht edle und verzierte Keramik erwartungsgemäß auch in den Heiligtümern Griechenlands auf. Hier wird sie vor allem als Opfer- und Weihegefäß interpretiert.

Die griechische Antike kannte natürlich die Töpferscheibe, ohne die solche Meisterleistungen wohl undenkbar gewesen wären. Sie ist im Mittelmeerraum schon seit 3000 v.u.Z. bekannt, im 2. Jahrtausend auch in Griechenland belegt. Sogar Tonabbau und -verarbeitung finden wir übrigens auf den Gefäßen verewigt.

Gebrannt wurde in Öfen, die bereits 900 °C erreichten und bis zu 3 m³ Fassungsvermögen aufwiesen. Europa hatte diese Technologie, wie so vieles aus der Antike, im Mittelalter erst mühsam wiederzuentdecken.

Spanien unter fremder Herrschaft

Die Töpferei in Spanien wollen wir betrachten, weil das Land auf der anderen Seite des Mittelmeeres liegt – von Marokko gesehen – und in seiner Geschichte starke arabische bzw. nordafrikanische Einflüsse existieren.

[Vossen 1972] beklagt in seinem Buch zunächst den Niedergang der traditionellen Töpferei Spaniens durch die schnelle Industrialisierung des Landes. Das dürfte eine allgemeine Erscheinung sein, die immer dann auftritt, wenn Erzeugnisse der Massenproduktion, die billiger und haltbarer sind, wie beispielsweise Wasserkanister aus Plastik, althergebrachte Dinge verdrängen. Eine „Rückbesinnung auf die eigenen kulturellen Werte“ allein wird da nicht ausreichen. In erster Linie sind es die Effizienz und Wirtschaftlichkeit, nicht nostalgische Gefühle, welche bei der Wahl von Produktionsmitteln oder Haushaltsgegenständen entscheiden.

Abb. 19: Das typische Trinkgefäß Botijo

In den 70er Jahren des vorigen Jahrhunderts ging die Zahl der handwerklichen Töpfer in Spanien offensichtlich dramatisch zurück. Forscher und Sammler bemühten sich, Keramiksammlungen anzulegen, um das Erbe allein schon aus historischem Interesse zu bewahren. Der Tourismus als Faktor begann sich damals gerade erst bemerkbar zu machen. Wie [Vossen 1972] schon erkannte, bestand darin aber die Gefahr einer Qualitätsminderung, einer Hinwendung zur Produktion von Andenken und Kitsch in der Form traditioneller Töpferwaren, doch ohne echte Funktionalität.

Zur Zeit der Völkerwanderung (376-568) lebten im damals romanisierten Spanien vorwiegend iranische Alanen sowie germanische Sweben und Vandalen. Tatsächlich wird die Bezeichnung Andalusien mit den Vandalen (Vandalusien) in Verbindung gebracht (siehe dazu auch Gerber, Gerd: Der Vandale; Projekte-Verlag 2008). Etwa im Jahre 415 folgten die arianischen Westgoten, die sich im Nordosten ansiedelten. Nach dem Übertritt zum katholischen Glauben 587 verschmolzen die Westgoten mit der romanischen Bevölkerung. Sie waren gegen die einfallenden Araber keine Hilfe. Jene hatten in ihrem Dschihad zur Verbreitung des Islam bereits ganz Nordafrika erobert. 711 landeten die arabischen Heerführer Tarik und Muza in Spanien und besiegten Roderich, den Westgotenkönig, bei Jerez de la Frontera. Schon drei Jahre später war die gesamte iberische Halbinsel bis auf den gebirgigen Norden in arabischer Hand. Die spanischen Araber, die Mauren genannt wurden, bildeten von 912 bis 1301 ein unabhängiges Kalifat von Córdoba, das später in 26 kleinere Königreiche zerfiel, bzw. in von Nordafrika abhängige Reiche.

Doch die erstarkenden christlichen Königreiche eroberten Spanien schrittweise wieder zurück. 1085 fiel Toledo in Christenhände, 1118

Zaragoza, 1236 Córdoba und 1265 Cadiz. Nur das Königreich Granada hielt sich noch von 1238 bis 1492 unter arabischer Herrschaft.
Man kann also von fast 700 Jahren arabisch-moslemischen Einflusses auf die spanische Kultur ausgehen. Das hat die vorher eher barbarischen (im römischen Sinne) Völker der Region nachhaltig verändert. Schon unter dem Kalifat von Córdoba hatte sich ein bedeutender Aufschwung der Landwirtschaft, des Handwerks und geistigen Lebens vollzogen. Die letzte Verfeinerung der arabischen Kunst und Architektur fiel in die Phase des Königreichs von Granada. Nach dessen Rückeroberung durch Ferdinand II. und Isabella I. begann der kulturelle und wirtschaftliche Niedergang vor allem aufgrund der ethnischen Säuberungen durch die Christen, wie man heute sagen würde. Bis zum Anfang des 17. Jahrhunderts wurden alle Mauren und die Mehrzahl der Juden aus Spanien vertrieben.
Arabische Einflüsse sind trotzdem bis heute in Landwirtschaft, Handwerk, Architektur und Handel zu bemerken. So leben auch die Töpfertraditionen fort. Gerade die Technologie der Blei-, Zinn- und Lüsterglasur ist erst mit den Arabern nach Europa gelangt. Eine weitere Technik maurischer Keramik des 10. Jahrhunderts ist die weiße Engobe bzw. Unterglasurfarbe.
Gefärbte Bleiglasur ist bereits im 4. Jahrtausend v.u.Z. in Ägypten nachgewiesen. In Spanien taucht sie erstmalig im 10. Jahrhundert auf. Im 11. bis 13. Jahrhundert setzte sie sich in ganz Spanien durch, wogegen bleiglasierte Gefäße in Mitteleuropa erst vereinzelt im 13. Jahrhundert auftreten, verstärkt dann in der 2. Hälfte des 15. Jahrhunderts.
Die weiße Zinnglasur ist ein anderes Verfahren, das es schon im 9. Jahrhundert in Mesopotamien gab. Im 12. oder 13. Jahrhundert taucht sie auch in Spanien auf. Keramik dieser Art trug häufig persische, syrische, ägyptische und mesopotamische Motive.
Im 15. Jahrhundert wurde die Technik der Zinnglasur nach Italien gebracht, wo die Tongefäße als Majolika bekannt wurden, obwohl sie wahrscheinlich gar nicht aus Mallorca kamen. Ein anderer Name für zinnglasierte bemalte Keramik ist Fayence.
Die Formen der spanischen Bauern- oder Gebrauchskeramik orientieren sich wie überall nach dem Bedarf und Zweck. Daher ähneln spanische Produkte mehr oder weniger denen in aller Welt. Die Form folgt aber auch der Technologie, daher gibt es weiche, geschwungene Formen bei Drehscheibenware und schärfer profilierte bei von Hand aufgebauten Gefäßen. Unterschiede in Formgebung und Gestaltung dienen auch zur lokalen Abgrenzung. Jedes größere Dorf in Spanien besitzt lokale Formvarianten von Wasserkrügen u. a. Gefäßen. Die Unterscheidung von anderen ist immer ein Mittel zur Stärkung des eigenen Zusammengehörigkeitsgefühls.
Spanische Tongefäße werden nur sparsam bemalt und da nur die, welche nicht mit Feuer in Berührung kommen. Eine Besonderheit ist, dass von den wichtigsten Formen bis zu 11 verschiedene Größen hergestellt werden, die alle unterschiedliche Bezeichnungen je nach ihrer Funktion tragen.
Eigentümlich sind kannenartige Kochgefäße, die man *neben* das offene Herdfeuer stellt, um Speisen darin zu erhitzen. Bei spanischen Wassertrinkgefäßen sind Einfüll- und Trinköffnung unterschiedlich. Oft gießt man sich das Wasser aus einer Art Tülle in den Mund, ohne diese zu berühren. Beliebt sind solche Gefäße in Form eines Hahns. Für das in der spanischen Küche häufig verwendete Olivenöl gibt es extra ein Kännchen. Auch tönerne Vorratsgefäße in allen Größen waren in Verwendung. Manche Weinbehälter in annähernder Amphorenform waren bis zu 5 m groß und mit einem Fassungsvermögen von bis zu 6000 l wahrscheinlich die monumentalsten Gebrauchsgefäße der Welt. Ihre Herstellung soll bis zu 9 Monate gedauert haben und das Brennen in geradezu riesigen 68 m^3 Dreikammeröfen eine ganze Woche!

Die Tongewinnung erfolgte in Spanien wenn möglich aus offenliegenden Lagern, aber auch aus Stollen oder brunnenähnlichen Schächten. Diese konnten Tiefen bis zu 50 m erreichen und wurden teilweise von mehreren Töpfergenerationen betrieben.
Interessanterweise beobachtete noch [Vossen 1972], dass in einigen Töpferorten Spaniens ganz ohne Töpferscheibe gearbeitet wurde. Nicht nur die erwähnten Superkrüge, die wegen ihrer Masse nicht für eine normale Drehscheibe geeignet wären, sondern auch ganz „normale" Keramik wurde z. B. in Calanda ohne dieses moderne Hilfsmittel erschaffen. Andernorts fand sich eine kombinierte Wulst- und Drehscheibentechnik.

In Mexiko bevor Kolumbus kam

Töpfer waren wie alle Handwerker im präkolumbischen Mexiko in Zünften organisiert. Am Herrscherhof gab es mindestens einen Abgeordneten, der für die Töpferei zuständig war. [Engelbrecht 1987] Es ist nicht klar, wo diese Handwerker lebten und arbeiteten, wahrscheinlich die Mehrzahl auf den Dörfern in der Nähe der Tongruben. Es scheint aber auch einige städtische Töpfer gegeben zu haben. Möglicherweise gab es, wie auch in anderen Regionen, spezielle Töpferorte. Auch über die Arbeitsteilung dieser Zeit ist wenig bekannt. Man vermutet, dass die handwerklichen Güter in Familienarbeit produziert wurden. Ämter und Berufe wurden in der Familie weitergegeben, was die Frage der Ausbildung wesentlich vereinfacht haben dürfte. Wahrscheinlich gab es in den Siedlungen bestimmte Handwerkerviertel. Gleichzeitig hatten Handwerker wohl in der präkolumbischen Gesellschaft einen besonderen Status inne. Sie schufen neue Ressourcen, mit denen wiederum Güter importiert werden konnten, indem sie aus den lokal vorhandenen Materialien, welche nicht von der gesellschaftlichen Elite kontrolliert wurden, ihre Erzeugnisse herstellten. Dazu

Abb. 20: dreibeinige Schale aus Westmexiko, 200 v.u.Z. bis 350 u.Z.

kam, dass Töpferwaren vor allem auch dem Luxus dienten. Funde bestätigen, dass es sich um sehr feine Produkte handelte, die sicher auch dem rituellen Gebrauch dienten.
Töpfe wurden für den Verkauf auf dem Markt produziert, aber auch direkt im Auftrag von Beamten des Staates. Sie waren auch unmittelbarer Gegenstand von Tributzahlungen der Dörfer an den Staat. Andererseits dienten sie als Exportprodukt.
Ausgrabungen fanden in Tzintzuntzan schon in den 30er und 40er Jahren 14 verschiedene Topfarten aus präkolumbischer Zeit. Darunter waren große Töpfe mit engem Hals, flache Schüsseln mit geraden Wänden und seltsame Gefäße in Form eines Fußes. Die Kochtöpfe ähneln dickbauchigen Krügen. Die mexikanischen Gefäße waren auch bemalt, wobei als Besonderheit die negative Malerei erwähnt wird, bei der die Motive mit Wachs gemalt werden, das Gefäß mit Engobe überzogen und dann gebrannt wird. Wo durch das Brennen das Wachs verschwindet, kommt die ursprüngliche Farbe wieder zum Vorschein.
Die archäologischen Funde könnten allerdings ein verzerrtes Bild liefern, da es sich bei ihnen vorwiegend um Grabbeigaben handelt, die eine kultische Luxus-Töpferei darstellen könnten, wie wir bereits in Griechenland vermuteten.

Es kann jedoch keinen Zweifel daran geben, dass die Einwohner Mexikos bereits lange vor den spanischen Eroberern die Kunst der Töpferei beherrschten. Die Conquistadores schrieben sich die Einführung dieses Handwerks nämlich gern selbst zu.
Im Laufe der Zeit (vom 16. bis ins frühe 20. Jahrhundert) wurde immer wieder über die Töpferei in Tzintzuntzan berichtet, doch ohne genauere Informationen über deren Art. Man nimmt an, dass es sich um einmal gebrannte, unglasierte Tontöpfe handelte, ferner um inwandig glasierte Töpfe und Schüsseln, und um außen teilweise schwarz glasierte Töpfe. Die Glasur war wie auch bessere Brenntechniken tatsächlich von den Spaniern eingeführt worden. Der Stil der Töpferei war dabei größtenteils unverändert geblieben.

Abb. 21: Gefäß aus Peru, 700 bis 1300

Die Bemalung zeigt häufig geometrische Muster, aber auch Tierdarstellungen wie stilisierte Vögel, Fische oder Blumen.
Mexiko war natürlich nicht die einzige Stelle, wo amerikanische Ureinwohner töpferten. Die keramischen Werke der indianischen Völker werden zu den eindrucksvollsten Kulturleistungen der Neuen Welt gezählt. Bereits 3000 v.u.Z. entstanden im südamerikanischen Ecuador die ersten Tonarbeiten. 1500 v.u.Z. erreichte die indianische Töpferei bereits ein erstaunliches Niveau. Obwohl die Dekors schlicht und die meisten Gefäße monochrom oder unbemalt blieben, besticht die Vielzahl der Formen.
Die Verehrung wetterbeeinflussender Gottheiten gehört zu den wichtigsten Merkmalen der indianischen Agrarkulturen. Mit ihr verbunden waren die typischen weiblichen Tonfigürchen, die man in unüberschaubarer Zahl gefunden hat. Auch im Dekor mancher Tongefäße finden sich die Symbole und Darstellungen der Gottheiten wieder.
Die Völker der Anden dagegen stellten nicht nur religiöse Motive dar, sondern auch das tägliche Leben. Darin ähnelten sie den antiken Griechen.

Der Autor gelangte während der Vorarbeiten zu diesem Buch auch nach Costa Rica, wo 2008 die Bilder der folgenden Seiten entstanden. Sie zeigen authentische Beispiele altindianischer Töpferkunst.

Die Ausgrabungsobjekte befinden sich in der Privatsammlung des Sohnes von Vilma, einer Bekannten des Autors, deren Mann vor einiger Zeit auf mysteriöse Weise verschwunden ist. Sie stehen in der Arztpraxis in Santa Maria de Dotta. Die in manchen Fotos sichtbaren Drähte sichern die wertvollen Gegenstände gegen das Herausfallen aus dem Regal bei den in der Region häufigen Erdbeben.

Indianische Tongefäße in Costa Rica

Töpfe in Thüringen

Seit dem späten Mittelalter war auch in Thüringen das Töpferhandwerk weit verbreitet, welches von der reinen Hausproduktion unterschieden werden muss, die auch hier natürlich bis in die Steinzeit zurückreicht.
Gefundene Töpferware aus dem Mittelalter hat nicht mehr nur ausschließlich einen lokalen Ursprung. Die in jener Zeit bereits weitreichenden Handelsbeziehungen verwischen die Herkunft archäologischer Funde teilweise. Tongefäße waren immer auch ein Handelsgut, obwohl man sie theoretisch überall hätte herstellen können. Doch die Unterschiede in Machart und Dekor sowie Qualität waren ausreichend, um einen Austausch zu fördern. So gelangten die Produkte anderer Töpfereizentren wie Bunzlau in Schlesien, Waldenburg in Westsachsen, Kohren-Sahlis oder Marburg und rheinisches Steinzeug nach Thüringen und regten hier wiederum die Töpfermeister zur Nachahmung der Techniken, Formen und Verzierungen an. [Wendl/ Marschall 1988]
Insbesondere die bei hohen Temperaturen über 1000 °C gebrannten Steinzeugtöpfe mit kräftigen Dekoren in Kobaltblau aus dem Rheinland (Westerwald) und die Einlegetöpfe und Schüsseln in brauner Glasur aus der Bunzlauer Gegend findet man häufig in Thüringen. Umgekehrt stellten Thüringer Töpfer Gefäße in rheinischer Art her; offenbar regierten sie geschickt auf die bestehende Nachfrage am heimischen Markt.
An günstigen Standorten, die also nahe Tonvorkommen, Brennholznachschub und einen Absatzmarkt z. B. an bestehenden Handelswegen besaßen, bildeten sich auch in Thüringen besondere Töpferzentren heraus, ein Vorgang, der so weltweit zu finden ist.
Über dreihundert Jahre erhielt sich hier bis ins 20. Jahrhundert hinein das Töpferhandwerk mit einem ausgeprägten eigenen Stil. Vor allem die Zentren Bürgel, Ummerstadt und das Gebiet um Gerstungen, Großensee und Neustädt (Werrakeramik) sind hier hervorzuheben. Weitere solche Orte waren Dorndorf bei Jena, Kranichfeld, Heiligenstadt, Querfurt und Römhild.

In diesen Zentren wurde überwiegend Gebrauchskeramik hergestellt, die sich überall in den Haushalten fand, in Küche, Keller und Vorratsraum. Man verwendete die Gefäße zum Kochen, Backen und Aufbewahren oder Transportieren. Aber natürlich gab es auch hier die herausragenden, beinahe künstlerischen Produkte, die heute begehrte Sammlerstücke sind oder ihren Platz in Museen gefunden haben.
Die Vielfalt der Töpferwaren ging Ende des 19. Jahrhunderts zurück, als mit der beginnenden Industrialisierung fabrikmäßig hergestelltes Geschirr aus Emaille, Steingut oder Porzellan billig auf den Markt gelangte. Die handwerksbetrieblichen Töpfereien waren der Konkurrenz des „Neuen" nicht mehr gewachsen. Manche versuchten zu überleben, indem sie selbst zu Zulieferern der Industrie wurden und als „Flaschenbäcker" Mineralwasserflaschen, Salbentöpfe und ähnliche einfache Produkte herstellten. Ein anderer Weg war das Ausweichen ins Kunsthandwerk. Man probierte neue Muster aus oder kopierte bewährte fremde Dekore. In Bürgel entstanden Kunsttöpfereien und Majolikafabrikationen. Aus diesen Anfängen entstand

Abb. 22: Eine Tasse aus Bürgelkeramik (80er Jahre).

die spätere kunsthandwerkliche Zierkeramik. Diese hat, wie der Name schon sagt, in der Regel keinen praktischen Nutzen mehr, findet jedoch einen gewissen Absatz.
Nebenher bildete einen relativ wichtigen Erwerbszweig der Töpfer die Herstellung von Ofenkacheln und der Aufbau von Kachelöfen. Auch Dachziegel wurden teilweise von den Töpfereien geliefert. Heute produzieren manche Töpfereien vor allem Blumentöpfe, also reine Massenware, die traditionelle Töpferei tritt in den Hintergrund.

Bürgel hat sich als einziges Töpferzentrum Thüringens bis in die heutige Zeit erhalten. Das charakteristische weiß auf blaue Punktmuster wurde erst um 1880 eingeführt, als man begann, einzelne Erzeugnisse mit einer tiefblauen Kobaltengobe zu überziehen. Die Geschichte Bürgels geht aber bis ins Mittelalter zurück, wenigstens von 1660 sind Zunftunterlagen erhalten geblieben. Diese wurden 1934 von Walter Gebauer zufällig entdeckt und später dem Töpfermuseum übergeben.
In Bürgel wurde auch Steinzeug gebrannt, das bei höchsten Temperaturen von ca. 1300 °C gesinterter Ton ist. Steinzeug ist im Gegensatz zu den porösen normalen Tonwaren flüssigkeitsundurchlässig und vor allem säureresistent. In normalen glasierten und weichgebrannten Gefäßen durfte man nicht einmal saure Milch stehen lassen, geschweige denn mit Essig Eingelegtes, da sich durch die Säure das gesundheitsschädliche Blei aus der Glasur löste, wie man bereits 1810 in einem Gutachten feststellte. Steinzeug dagegen konnte sogar in Apotheken unbedenklich verwendet werden. So ist es nicht verwunderlich, dass Einmachtöpfe aus Steinzeug (auch: Steingut) bis heute verwendet werden.

Ummerstadt war zu DDR-Zeiten mit nur 600 Einwohnern der kleinste Ort mit Stadtrecht. 1853 wurden hier 16 Töpferwerkstätten verzeichnet. Die Töpferei selbst wird erstmals 1601 erwähnt. Nachdem der 30-jährige Krieg auch hier große Schäden angerichtet hatte, schlossen sich die Ummerstädter Töpfer der Heldburger Innung an. 1665 arbeiteten wieder 5 Töpfer am Ort, 1727 waren es wieder 13 Meister. Es ist überliefert, dass wegen der von den Brennöfen und Holzlagern ausgehenden Brandgefahr die Töpfer der Stadt lederne Feuereimer zur Verfügung zu stellen hatten und sich ohnehin nur in der Vorstadt niederlassen durften.
Es wurde überwiegend der weiß brennende Ton aus Colberg und Gemünda verwendet. Die Waren ließen sich auf Märkten in den umliegenden Orten Coburg, Heldburg, Hildburghausen, Meiningen, Römhild, Schleusingen und Sonneberg absetzen. Die Absatzmengen waren dabei genau geregelt, um den ansässigen Töpfern nicht das Brot zu nehmen.
Ab 1850 sank auch hier der Absatz und das Handwerk ging zurück. Außerdem deuten Unterlagen darauf hin, dass es um die Jahrhundertwende Probleme mit zu hohem Bleigehalt der Glasuren gab. Erst 1909 entwickelte der Töpfer Fritz Biedermann ein neues Verfahren, das eine staatliche Genehmigung erhielt. [Wendl/Marschall 1988]
Nach dem I. Weltkrieg sank die Zahl der Töpfereien von sechs auf drei. In den 50er Jahren verschwand dann auch der letzte aus Ummerstadt.

Werrakeramik wird die Töpferei aus dem Raum Gerstungen genannt. Im 16. Jahrhundert siedelten sich hier erste Töpfer an, die vermutlich aus Eisenach kamen. Um 1640 muss es bereits eine Innung gegeben haben, die 1700 dann auch ausdrücklich erwähnt wird.
1833 arbeiteten im Amt Gerstungen insgesamt 29 Töpfer. Doch schon wenige Jahre später begann auch hier der Niedergang des alten Handwerks, obwohl man noch versuchte, sich auf das Kunstgewerbe umzuorientieren. Der letzte Ofen wurde 1924 gebrannt. In Großensee hielt sich der letzte Töpfer Karl Taubert noch bis 1952. Hier wurde das in Sammlerkreisen als

Abb. 23: Werrakeramik mit Motiv des Gerstunger Schlosses

Abb. 24: Gefäß aus der japanischen Yayoi-Kultur (300 v.u.Z. bis 300 u.Z.)

„aufgelegte Ware" bezeichnete Tongeschirr hergestellt, was man heute vor allem mit dem Begriff Werrakeramik verbindet. Es handelt sich dabei um Gefäße, deren Wandung mit vorgeformten Blättern und Blüten belegt und mit Hilfe von dünnem Tonschlicker aufgeklebt wurde. Die Technik hat ihren Ursprung in rheinischem Steinzeug des 16. Jahrhunderts, das durch aufgelegte Reliefs anstelle von Bemalung verziert war. Auch auf Gefäßen aus Bunzlau findet sich plastisches Blüten- und Blattwerk.

Japan und eine Zeremonie

Am Anfang des 17. Jahrhunderts lag die Blütezeit der japanischen Töpferkunst. Vor dem gesellschaftlichen Hintergrund einer anbrechenden Zeit des Friedens nach langen inneren Unruhen erwachten die Künste zu neuem Leben. Tatsächlich liegen die Wurzeln aber viel länger zurück, wobei die Angabe der Wikipedia (10. Jahrtausend v.u.Z.) jedoch bezweifelt werden darf.
Nach Europa gelangten Töpferwaren aus Japan zunächst nur vereinzelt und waren ausschließlich als Luxusgegenstände zu betrachten, die an den Höfen landeten. Künstlerisch bedeutende Arbeiten japanischer Töpfereimanufakturen waren fast immer Auftragswerke ihrer fürstlichen Kunden und somit verschwanden die Produkte in deren Schatzkammern. Fremde hatten schon gar keinen Zugang zu ihnen.
1867 schickte der letzte der Tokugawa Shogune seine Schätze auf die Pariser Weltaustellung, um mit ihnen Geld zu machen. Erst jetzt konnten europäische Sammler zum ersten Mal japanische Keramik in ihrer besten Form studieren. Nach dem Zusammenbruch des japanischen Feudalsystems wenige Jahre später begann auch eine Erforschung der Keramik und ihrer Geschichte.
Die Töpferei Japans wie auch dessen restliche Kunst sind aus chinesischen Wurzeln hervorgegangen. Man muss in diesem Zusammenhang nur an die berühmten Tonfiguren Chinas erinnern, um darauf hinzuweisen, auf welchem Niveau sich die Töpferei dort befunden haben muss. Die japanische Kunst schwankte zwischen Perioden der Assimilation fremder Einflüsse und Perioden der Isolation. Man griff Anregungen aus China, Korea und Indien auf, ab dem 15. Jahrhundert auch aus Europa und in der Gegenwart

Abb. 25: Shoki mit einem Dämon, Meister Seto, 19. Jh.

Abb. 26: Vase mit Landschaft, die den Morikage-Stil nachahmt, Schmelzfarben auf unglasiertem Grund; Kichiji Watano, Kutani

aus den USA. Einen großen Schwung gab im 7. und 8. Jahrhundert die Einführung des Buddhismus, die sich unter anderem auf Tempelbau, Skulptur und Dichtkunst auswirkte. Im 9. Jahrhundert, nach der Abkehr von China, wurden die säkularen Künste wichtiger. Am Hof der Heian-Zeit kam die Kunst zu einer ersten Blüte. Mit dem Aufstieg des Kriegeradels entstand unter dem Einfluss des Zen-Buddhismus ab dem 13. Jahrhundert ein neues ästhetisches Ideal, das sich an Schlichtheit, Harmonie und Vergänglichkeit orientierte. [Wikipedia]

Die Wertschätzung japanischer Töpferarbeiten weicht in Japan selbst von den Grundsätzen europäischer Sammler ab. Ohne den ästhetischen Wert zu beurteilen, spielt vor allem das Alter oder ein berühmter Vorbesitzer des Gegenstandes eine Rolle. Daher werden solche Objekte oft mit äußerster Sorgfalt kopiert, um die Erinnerung an eine Kostbarkeit der Vorfahren wachzuhalten. [Pelka 1922]

Die Geschichte der japanischen Töpferei beginnt 1223, als Kato Shirozaemon Kagemasa von einer Reise nach China zurückkehrte, die er als Begleiter des Priesters Dogen unternommen hatte. Er brachte das Geheimnis der Glasur mit nach Japan. Nach einigen Experimenten gelang es ihm, mit einheimischen Rohstoffen die chinesischen Ergebnisse nachzuvollziehen.

Neben den überall üblichen Gefäßen wurde besonders edle Töpferware für etwas geschaffen, das im Leben der Japaner eine zentrale Bedeutung hatte (und hat): die Teezeremonie. Diese geradezu rituelle Handlung des „Teetrinkens" bedurfte natürlich auch ganz besonderer Gefäße. Hierzu gehören u.a. eine kleine Teeurne, Chaire genannt, und die Teeschale (Chawan). Für Europäer ist die Bedeutung der Zeremonie ebenso wie die jeder kleinsten Einzelheit kaum nachvollziehbar, in Japan aber Teil der Kultur.

Da in den ursprünglichen Gerätschaften in der Regel tönerne Gefäße zum Einsatz kamen, wollen wir hier den Ablauf einer solchen Teezeremonie wiedergeben, wie man ihn etwas ausführlicher in der heutigen Quelle allen Wissens, dem Internet finden kann. Die Transkriptionen der japanischen Begriffe wurden dabei weggelassen.

Der Ablauf ist vereinfacht und spart außerdem die Vor- und Nachbereitungsphasen aus (in denen zum Beispiel nach der Einladung ein kurzer Vorbesuch erfolgt).
Für eine Teezeremonie gibt es zwar feststehende Regeln, doch kann der Ablauf je nach den verschiedenen Schulen variieren. Eine gewisse Grundform ist jedoch allen gemein.
Auf Einladung des Gastgebers finden sich die Gäste im Garten des Teehauses ein. Dort nehmen sie im Warteraum, oft ein offener Pavillon, Platz und werden vom Gastgeber mit einem leichten Tee begrüßt. Während sich die Gäste platzieren und die vom Teemeister sorgfältig ausgesuchten Teeschalen, Geräte und Kunstgegenstände betrachten, füllt der Hausherr frisches Wasser in ein steinernes Wasserbassin und legt eine Schöpfkelle bereit. Sodann wäscht er sich Mund und Hände und bittet anschließend seine Gäste, es ihm gleich zu tun. Im Anschluss betreten sie nacheinander das Teehaus. Die Geladenen wandeln auf einem Gartenpfad – er symbolisiert die erste Stufe der Erleuchtung (Abstreifen des Alltags) – und bereiten sich so auf die nun folgende Teezeremonie vor. Ins Teehaus gelangt man ausschließlich durch den knapp einen Meter hohen Eingang. Dadurch betreten die Gäste den Raum voller Demut und mit Respekt. Alle gesellschaftlichen Unterschiede werden an der Schwelle abgelegt. In mehreren Gängen werden nun leichte Speisen, Sup-

Abb. 27: Vorbereitung einer Teezeremonie

pen und Reiswein gereicht. Danach gehen die Gäste in den Warteraum zurück, bis sie nach fünfmaligem Ertönen eines Gongs in den für die Teezeremonie vorgesehenen Teeraum gebeten werden. Sobald alle eingetreten sind, schließt der letzte Gast die Tür mit einem leichten Geräusch, dies ist das Zeichen für den Teemeister bzw. den Gastgeber, mit seinen Vorbereitungen zu beginnen. Er trägt nun die noch fehlenden Teeutensilien in den Teeraum. Sie sind so angeordnet, dass sie zugleich pragmatische als auch harmonische Bewegungsabläufe während der Teezubereitung ermöglichen. Die wichtigsten Utensilien bei der Teezeremonie sind: die Teeschale, die Teedose/Behälter für Pulvertee für den starken Tee oder für den leichten Tee, das Frischwassergefäß, der eiserne Wasserkessel, der Teebambuslöffel, und der Teebesen. Das seidene Teetuch trägt der Gastgeber an seinem Obi.

Der Gastgeber kniet sich vor dem beweglichen Kohlebecken nieder, entnimmt dem Gebrauchtwassergefäß den Schöpflöffel sowie den Untersetzer und platziert beide links vor dem Becken. Er sammelt und konzentriert sich, verbeugt sich vor seinen Gästen und beginnt nun mit der Teezeremonie.

Als erstes rückt er das Gebrauchtwassergefäß bis zur Höhe seiner Knie vor. Dann nimmt er die Teeschalen und setzt sie ca. 20 cm vor seine Knie. Nun nimmt er die Teedose und setzt sie zwischen Teeschale und Knie. Jetzt holt er das seidene lila Teetuch aus seinem Obi und faltet es, reinigt die Dose und setzt sie links vor das Frischwassergefäß. Nun faltet er noch einmal das Teetuch, nimmt den Teebambuslöffel aus der Teeschale, reinigt ihn und legt ihn auf der Dose ab. Dann nimmt er den Teebesen aus der Teeschale und stellt ihn rechts neben die Dose.

Als nächstes rückt er die Teeschale vor, dann nimmt er mit der rechten Hand den Schöpflöffel, greift ihn mit der linken Hand, um nun mit der rechten Hand den Deckel des Kessels abzuheben, abtropfen zu lassen und auf den Untersetzer abzusetzen. Dann nimmt er das weiße Leinentuch aus der Teeschale und setzt es auf den Deckel des Kessels. Nun entnimmt er mit dem Schöpflöffel heißes Wasser aus dem Kessel und gießt es in die Teeschale, als nächstes wird der Teebesen in dem heißen Wasser geschmeidig gemacht und geprüft. Durch Schwenken der Teeschale wird diese erwärmt, das Wasser wird dann in das Gebrauchtwassergefäß gegossen. Nun wird die Teeschale mit dem weißen Leinentuch gereinigt. Der Gast wird aufgefordert, Süßigkeiten zu nehmen.

Der Gastgeber nimmt nun den Teebehälter und den Teebambuslöffel, öffnet den Behälter und legt den Deckel vor seinem rechten Knie ab, entnimmt mit Hilfe des Teebambuslöffels pulverisierten Tee, gibt ihn in die Teeschale und gießt heißes Wasser, welches in dem Kessel über Holzkohle zum Sieden gebracht wurde, hinzu. Nach dem Aufguss schlägt er mit einem Bambusbesen den dickflüssigen Tee schaumig. Der Gastgeber reicht dem Hauptgast die Teeschale, die dieser mit einer Verbeugung annimmt. Mit einer Geste entschuldigt sich der Hauptgast bei seinem Sitznachbarn dafür, dass er zuerst die Schale angenommen hat. Er dreht dreimal die Schale in seiner Hand, wobei er die Schale leicht betastet und bewundert, nimmt schlürfend drei kleine Schlucke, streicht den Rand der Schale mit einer eigenen Serviette sauber und reicht die Teeschale weiter. Reihum wird nun so der Tee den Anwesenden gereicht. Während dieses Rituals herrscht meistens Schweigen, das anschließend gebrochen wird, um sich über die verwendete Teesorte und deren typischerweise poetischen Namen zu erkundigen, sowie die Utensilien zu bestaunen. Falls starker Tee gereicht wurde, wird oft im Anschluss auch dünner Tee bereitet. In manchen Zeremonien wird auch nur dünner Tee gereicht. Nach der kleinen Konversation, bei der gewöhnlich keine Themen von außerhalb des Teezimmers angesprochen werden, klingt die Teezeremonie aus.

[Wikipedia]

Die Römer und ihre Töpfe

Das römische Reich hat Spuren in allen Bereichen der Kultur hinterlassen – von der Architektur bis hin zur Sprache. Selbst bei einer so eklektizistischen Betrachtung der Töpfereigeschichte, wie wir sie vornehmen, können wir Rom daher nicht vernachlässigen. Es gibt noch einen zweiten Grund, warum wir gerade in diesem Buch die Römer erwähnen müssen, doch dazu etwas später.

Ausgrabungen aus römischer Zeit (im Raum von Deutschland) haben keramisches Material von großer Fülle zu Tage gefördert. Da aus dem römischen Reich auch umfangreiche historische Aufzeichnungen vorliegen, ist es möglich, bestimmte Funde zeitlich sehr genau einzuordnen.
Römisches Tongeschirr fand in den Haushalten offenbar außerordentlich vielseitig Verwendung. Insofern gibt es Parallelen zur griechischen Antike, wo ja ebenso für eine große Zahl von Anwendungen spezialisierte Gefäße aus Ton bekannt waren. Es gibt Abstufungen des Materials von grober Keramik bis hin zu feinstgeschlämmten Werkstoffen, alle Nuancen der Farbgebung sind vertreten, vom hellsten Gelb durch Rotgelb und Rot bis zu Braun, von Silbergrau bis Dunkelgrau, Violettgrau, Schwarzgrün bis Schwarz. Genauso variiert das Geschirr im Grad seines Brandes, von beinahe amorpher Konsistenz bis hin zu feuerfester Keramik.
Im Unterschied zu griechischer Töpferware, die manchmal bronzene Gefäße nachzuahmen schien, ist die römische als reine Tonware erkennbar. Die Römer vermieden weiterhin nach Möglichkeit Füße, Henkel und vorspringende Ausgüsse, vermutlich aus praktischen Gründen, weil solche Extravaganzen schnell abbrechen. Die typische griechische Bemalung vermisst man bei den Alltagsgegenständen der nüchternen Römer ganz. Auf römischem Boden gefundene Keramiken mit Verzierungen im griechischen Stil sind offensichtlich das Werk griechischer Meister. Nachdem Claudius Marcellus Syrakus eroberte und das Kapitol in Rom mit griechischen Kunstwerken schmückte, setzte eine Einwanderung griechischer Künstler und Töpfer nach Italien ein. Es bildete sich eine eigene, mit plastischen Ornamenten verzierte Gefäßkunst heraus, die sogenannten Buchero-Gefäße, die durch Politur auf einen tiefschwarzen Hochglanz gebracht wurden.
Die arretinischen Gefäße zählen zu den besten römischen Arbeiten. Sie wurden aus einem roten Ton hergestellt, der hart gebrannt wurde und dessen feine, dünnflüssige Borax-Glasur nicht einmal die Griechen erreichten. Diese auch als Sigillata-Gefäße bezeichnete Keramik verbreitete sich überall, wohin Rom vordrang.
Auch die Römer benutzten die Amphora als Aufbewahrungs- und Transportgefäß, und auch bei ihnen war sie spitz und für den Einsatz in einen Untersatz oder den Boden bestimmt. Sie waren dickwandig und hart gebrannt, also ganz offensichtlich für den physisch anspruchsvollen Alltagsgebrauch bestimmt.
Wasserbehälter oder Mischgefäße besaßen dagegen einen flachen Boden. Je nach Zweck war ihr Hals enger oder weiter, bzw. länger oder kürzer. Zwar sind diese Töpfe hart gebrannt, aber nicht glasiert gefunden worden. [Hölder 1889] Hier finden sich auch Verzierungen in Form von Bändern oder Zickzacklinien.
Krüge mit verlängertem Hals und Henkel dienten für den Ausschank von Wasser und Wein. Schüsseln zur Reichung von Obst und anderen Speisen. Aber man bereitete in ihnen auch das Essen selbst zu. ie waren zum Braten und Kochen geeignet. [Hölder 1889] berichtet von dem damals wohl noch überraschenden Fund einer derartigen Bratschüssel auf einem Herd, in der man noch die Reste eines Bratens fand. Heute wissen wir, dass die Römer einen besonderen Topf beutzten, der sich noch heute großer Beliebtheit erfreut. Der mit einem Deckel versehene, oft rechteckige Tontopf erlaubt eine besonders effektive und gesunde Methode des Kochens bzw. Schmorens von Speisen. Interes-

santerweise sind die Römer damit die einzigen von uns gefundenen Vorfahren, die etwas benutzten, das dem Tajine-Topf der Marokkaner ähnelte.
Bei den Römern war nicht nur die Armeeausrüstung standardisiert. Auch Keramik wurde in Serie gefertigt und in gleichmäßiger Qualität hergestellt. Eine schnelle Drehscheibe und fortschrittliche Brenntechniken ermöglichten den Brand oxidierter (roter) Ware sowie reduzierter (schwarzer) Ware. Mit der Beimengung von bestimmten Zuschlagstoffen wie Graphit erreichte man zweckbestimmte Effekte wie Wasserdichtigkeit. [Kelten-Römer-Museum Manching]
Einen gewissen Eindruck sollen die folgenden Aufnahmen aus dem Museum in Manching vermitteln, die der Autor 2008 machte.

Gefäße aus römischer Zeit

Haushaltsgegenstände aus einem römischen Soldatenhaushalt in einem Kastell. Links vorn ein Speisegeschirrsatz für eine Person aus Feinkeramik (terra sigillata). Der Prototyp eines noch heute genutzten Topfes?

Dem ethnologisch oder historisch interessierten Sammler bieten sich erstaunliche Einblicke in den Alltag vergangener Zeiten bei der Betrachtung alter Postkarten. Besonders in Frankreich war es zu einer Zeit Mode, „Typen" abzubilden, die ihrem Handwerk nachgingen. Eine Reihe solcher Postkarten haben wir auch diesmal zur Illustration herangezogen. Dabei bedeutet g = gelaufen, ng = nicht gelaufen, nd = nicht datiert. Von wann die Bilder selbst stammen, lässt sich in der Regel nicht sagen.

Sehr einfache Art des Feldbrandes in Afrika. Es ist nicht einmal eine Erdgrube zu erkennen. (frz., g, nd)

Mokolo-Frau mit Wasserkrug. (frz., g, 1951)

Frau aus Ghana mit Tontopf. (ghan., g, 1970?)

Mexikanischer Töpferofen. (ng, um 1910)

Töpfermarkt in Oaxaca, Mexiko. (mex., g, 1957)

Beim Bemalen der Töpfereiwaren in Cuernavaca, Mexiko. (ng, 1905)

Mexikanischer Töpferwarenhändler. (mex., g, 1940)

Mexikanische Tontöpfe auf dem Markt. (mex. g, nd)

Indianer aus San Ildefonso, New Mexico, der einen Tontopf bemalt. (USA, ng, 1910?)

Töpfernde Pueblo-Indianerinnen. (USA, ng, nd)

Moki-Indianerin beim Töpfern. (USA, g, nd)

Töpfer in Indien, der kleine Töpfchen en masse herstellt. (ind., ng, nd)

Ostindische Frauen beim Zubereiten von Essen in einem Tongefäß. (engl., ng, nd)

Indische Töpferwarenhändler. (frz., ng, nd)

Töpfer mit seinen Waren in Colombo, Ceylon. (frz. g, um 1910)

Eine Töpferin auf Madagaskar, auffällig hier die geflochtenen Ringe zum Aufstellen der Töpfe. (frz., g, nd)

Algerische Kinder bieten kleine und schön bemalte Töpferwaren an. (alg., ng, nd)

Töpferöfen auf Gran Canaria. (span., ng, nd)

Algerische Frau mit einem schön bemalten Wasserkrug. Durch die Tragehaltung über den Kopf kann der Arm abgestützt werden. (frz., g, 1907)

Töpfermarkt in Haiphong, Vietnam. (frz., g, 1914)

Ein chinesischer Tonverkäufer preist seine Waren lautstark an. (frz., ng, nd)

Wahrscheinlich eine französische oder spanische Bäuerin mit Wasserkrug. (frz., g, 1969?)

Griechischer Töpfer in seiner Werkstatt. (gr., ng, nd)

Auf einem Töpfermarkt in Libyen. (ital., g, 1968)

In Orleans wurde 1912 der 500. Geburtstag der Jungfrau begangen. Nachgestellt hier eine mittelalterliche Töpferwerkstatt. (frz., g, 1912)

Töpferatelier in Vallauris. (frz., g, 1964)

Tajines mit originalem marokkanischen Schmuck, sowie traditionelle Teekannen.

Nach dem Ausflug in die Geschichte der Töpferei wollen wir uns nun wieder dem Topf zuwenden, dem dieses Buch gewidmet ist: dem marokkanischen Tajine.
Noch eine sprachliche Anmerkung: Da man sich für eine Form entscheiden sollte, wenn es mehrere gibt, werden wir hier **der** Tajine sagen (in Anlehnung an Topf), obwohl es laut Wikipedia auch die Tajine heißen kann.

Älteste Keramikfunde im Gebiet von Marokko datiert man auf die Zeit 7000 v.u.Z.; es handelt sich und rund- und spitzbödige, mit Kammstrich verzierte Gefäße. [Jump 2002] In den Höhlen von Gar Cahal im Nordwesten fand man 1954/55 umfangreiche Scherben in fünf Schichten bis zu 4,80 m Tiefe. Eine schwarze, glatte Form aus der Schicht II wurde mit Keramikfunden von der iberischen Halbinsel in Verbindung gebracht, so dass man sie auf die Zeit 1800 bis 1500 v.u.Z. datierte, als die Mechta-Afolon die Region bewohnten.

Abb. 28: Ein Tajine als Wahrzeichen in Sidi Bibi?

Funde in der von den Phöniziern gegründeten Stadt Lixus zeigten später mit roter Farbe glasierte Scherben aus dem 4. Jahrhundert v.u.Z. Das das Gebiet einst auch römische Provinz war (Mauretania Tingitana), finden sich auch viele Geschirrformen und Lampen aus terra sigillata. Aus Funden schließt man, dass es sich nicht nur um Importe handelt, sondern dass diese Gegenstände auch in Marokko selbst hergestellt wurden.

Nach dem Fall des römischen Reiches sollen Berber die ehemaligen römischen Städte besiedelt haben. Es ist jedoch schwierig, die Berber-Keramik zeitlich einzuordnen, da sie bis heute praktisch unverändert fortbesteht. Sie ist unglasiert und das Dekor zersetzt sich auf Scherben im Boden schnell. Man glaubt, dass diese bis heute in Wulsttechnik hergestellten Keramiken ursprünglich von iberischen Einflüssen geprägt worden sind.
Mit der Eroberung Nordafrikas im 10. Jahrhundert durch die Araber kam auch deren Töpfertechnik nach Marokko. Frühislamische Keramik ist noch unglasiert und mit schwarzen und roten Streifen bemalt. Später treten honigfarbene glasierte Töpferwaren in vielen Varianten auf. Im 11. und 12. Jahrhundert kam die arabische Kunst der Fayence auch in Marokko auf. [Jump 2002] merkt an, dass es für die Zeit zwischen dem 12. und 16. Jahrhundert keine gesicherten Angaben für Marokko gibt. Am Rande soll noch erwähnt sein, dass die arabische Bevölkerungsgruppe der Andalous Ende des 15. Jahrhunderts aus Andalusien kommend in Marokko einwanderte, nachdem sie aus dem gefallenen Königreich von Granada vertrieben worden war (siehe den Abschnitt über Spanien). Auch deren Traditionen dürften einen gewissen Einfluss gehabt haben.

In vielen ländlichen Gebieten Marokkos ist die Töpferei noch heute eine Arbeit der Frauen.

Männer erschließen dort höchstens neue Tonvorkommen, der Rest bleibt den Frauen überlassen – vom Tonabbau, -transport, der Bearbeitung der Tonerde bis hin zur eigentlichen Herstellung der Töpferwaren. Außerhalb des Rif und der Kabylei (Nordmarokko) ist das Töpfern aber durchaus von Männern übernommen worden, wie eigene Beobachtungen bezeugen. Es ist interessant, dass der Unterschied bis hin zur verwendeten Technologie geht: Frauen benutzen in der Regel keine Töpferscheibe, wie es die Männer tun, sondern wenden die Aufbautechnik an. Die Berber kannten die Töpferscheibe nicht und bis heute fehlt sie in der berberischen Töpfertradition.
In erster Linie diente die Frauentöpferei im Rif und der Kabylei in der Vergangenheit der Selbstversorgung mit Keramik, es wurden aber auch Waren auf den typischen Wochentags-Märkten Marokkos angeboten. Eine äußerst tiefgründige Analyse des Themas bietet [Schierenbeck 2002] am Beispiel des Ortes Ifrane Ali. Besonders interessant für uns an dieser Arbeit ist, dass die Autorin andere Formen des Tajine anführt, so den *Tajine del höz* mit ovaler Grundform für die Zubereitung von Fisch. Außerdem erwähnt sie, dass in Ifrane Ali eigentlich Tajines (hamas) hergestellt wurden, die mit ihrem runden, gewölbten Deckel und Griffen eher an den Römertopf®[2] erinnern. Der Spitzdeckeltyp wird als Rabat- bzw. Salé-Tajine-Typ bezeichnet und offenbar erst in jüngster Zeit auch in dieser Region produziert. [ebenda, S. 139]
Der Unterschied zwischen Frauen- und Männertöpferei ist ebenso einer zwischen ländlicher und sesshafter städtischer Töpferei.
In der Mitte und im Süden des Landes befinden sich die meisten Männertöpfereien, die sich in zwei Gruppen unterteilen lassen: Die erste Gruppe, vorwiegend auf dem Lande, erzeugt ihre Waren mit einer Mischtechnik aus Wulstaufbau und einer langsam rotierenden Töpferscheibe. Die Waren sind nicht dekoriert und nur manchmal teilweise glasiert.
Die zweite Gruppe arbeitet in den größeren Städten und deren Umkreis mit schnell rotierenden Töpferscheiben, einer entwickelten Drehtechnik und aufwändigen Verfahren. Hier wird verzierte Gebrauchs- und Dekorkeramik mit Glasur produziert. Die einzelnen Töpferorte lassen sich z.T. am Dekor unterscheiden. [Jump 2002]

In Marokko verwendet man zum Brennen von Tongefäßen vielerorts das Wurzelholz des Wacholder. Doch darin liegt ein großes Problem. Mit dem Wachstum der Bevölkerungsdichte in Marokko stieg der Bedarf auch an Töpferwaren. Später kamen der Tourismus und sogar Exportmöglichkeiten hinzu. Infolgedessen wurde die Produktion immer wieder gesteigert. Das bedeutete aber die Erschöpfung nahe gelegener Tonquellen und – viel schlimmer – einen rücksichtslosen Raubbau an den zu Brennholz verarbeiteten Bäumen. Die Wacholderwurzel wurde tonnenweise benötigt und musste von den Töpfern aus immer weiter entfernten Gebieten beschafft werden. Um Aufforstung kümmerte man sich natürlich nicht. Fairerweise muss gesagt werden, dass diese auch wohl kaum in der Macht der Holz suchenden Töpfer lag. Die Folge waren Erosion und Versteppung, sowie Absinken des Grundwasserspiegels, wie überall, wo man sich aus Ignoranz oder Gleichgültigkeit keine Gedanken um die Zukunft machte. Nicht nur der Mensch in den Industrienationen neigt dazu, seine Umwelt systematisch zu zerstören. Das hat er schon mindestens[3] seit dem Altertum getan; sogar in den primitivsten Kulturen wirkte sich seine Tätigkeit letzten Endes immer umweltzerstörend aus. Ob die Wälder für Bauzwecke oder für die Herstellung von Schif-

[2] Römertopf® ist ein eingetragenes Warenzeichen. Wegen der Ähnlichkeit zur Tajine lässt es sich allerdings nicht vermeiden, ihn in diesem Zusammenhang wenigstens zu erwähnen.

[3] Tatsächlich glaubt man, dass schon das Mammut als erstes Tier vom Menschen ausgerottet wurde.

Abb. 29: tajineähnlicher Behälter in Tanger, Marokko (g, nd)

fen abgeholzt wurden oder als Brennmaterial für Keramiköfen, ob Viehzucht und ackerbauliche Monokulturen Böden und einheimische Flora zerstörten, die Handlungen des Menschen waren immer kurzsichtig und nicht unbedingt vernünftig. Heute ist es leider nicht anders.

Selbstverständlich gibt es in der marokkanischen Töpferei dieselbe große Zahl an verschiedenartigsten Gefäßen wie auch anderswo. Der Tajine ist darunter nur eines von vielen.
Der Tajine der ländlich-berberischen Tradition besteht meist aus unglasiertem Ton. Erst mit der Benutzung verschließt Fett die Poren des Materials und bildet eine Art Patina, wodurch die Gebrauchseigenschaften verbessert werden. In der städtisch-islamischen Tradition gefertigte Tajines sind bleiglasiert und oft auch verziert. Diese haben ihren Ursprung vor allem in der Region von Rabat und besitzen den charakteristischen spitzen Deckel.

Es gibt auch Gefäße in Tajine-Form, die nicht zum Kochen bestimmt sind, sondern zur Aufbewahrung und Dekoration. Sie können sowohl aus Bast o. ä. geflochten sein als auch aus Keramik bestehen. Letztere ist in diesem Fall oft reich verziert, aber nicht feuerfest. Abb. 29 zeigt offenbar ein geflochtenes Behältnis in Form eines Tajine.
[Schierenbeck 2002] erwähnt auch Keramikprodukte für den Touristenmarkt, die aus ethnografischer Sicht zu berücksichtigen wären. Andere Quellen berichten explizit von „Tajines“, die nur als touristische Andenken gedacht sind, also kaum funktional sein dürften.
Eine weitere Arbeit verdient an dieser Stelle besondere Erwähnung. 1980 führten deutsche Forscher eine „Landesaufnahme“ der Töpferei Marokkos durch. [Vossen/Ebert 1986] gibt eine detaillierte Aufstellung der damals in den einzelnen Töpferorten und -zentren produzierten Waren. In den inzwischen vergangenen fast 30 Jahren dürfte sich allerdings einiges verändert haben.
Beispielsweise wird in diesem Zusammenhang deutlich, dass die Töpfer von Rabat weit entfernt davon waren, „nur“ schlichte Gebrauchskeramik zu produzieren. Ihre Tajines zeigen sich nicht nur bemalt, sondern mit aufwändigem Kerbschnittdekor verziert. [ebenda, S. 181] Man findet in diesem Buch auch die Bezeichnung Schmortopf (hamas oder roba) für die geräumigeren Gefäße, die [Schierenbeck 2002] den Tajines zuordnet. Einziges Ähnlichkeitsmerkmal zwischen den beiden Formen ist der mit einer Mulde versehene Deckelgriff.
Eigentlich ist der am weitesten verbreitete flache und spitzdeckelige Tajine kein Schmortopf, sondern eher eine Schmorschüssel oder -pfanne, da das Unterteil mehr einem tiefen Teller gleicht als einem Topf. Deshalb sollte man die Tajines begrifflich von den Hamas-Töpfen trennen.
Tajines, die nicht aus feuerfestem Ton bestehen, werden als Servierbehälter benutzt, was man in Restaurants in ganz Marokko finden kann. Der

Deckel hält das Gericht warm und Insekten fern, was im nordafrikanischen Klima nicht unwichtig sein dürfte.
Auch die „echten“ feuerfesten Tajines werden nicht nur zur Zubereitung, sondern auch zum Servieren der Mahlzeit verwendet. In der Regel benutzt man keine Extrateller, sondern isst das Gericht direkt aus der Tajine – traditionell mit drei Fingern der rechten Hand. Dazu gibt es für gewöhnlich Fladenbrot, mit dem man die reichhaltige Brühe oder Soße aufnimmt.
Der Tajine hat eine Menge Vorzüge. Man kann in ihm eine ganze Mahlzeit auf einmal und vor allem auf nur einer Kochstelle zubereiten. Was für Europäer nur eine Frage des Strom- oder Gasverbrauchs ist, das kann für Nordafrikaner viel entscheidender gewesen sein. Einer armen Familie in den kargen Regionen dieser Gegend dürfte es sogar an Brennmaterial mangeln. Bekanntlich wird mancherorts sogar getrockneter Dung verwendet. Ein kleines Feuer reicht schon für den Tajine.
Die Form des Tontopfes ist äußerst einfach, man kann ihn unter den primitivsten töpferischen Bedingungen herstellen. Eine runder tiefer Teller, darüber ein Deckel, der Platz für

Abb. 31: Tajine auf einem Holzkohle-Kanoun.

Abb. 30: Die beiden Formen des Kanouns: vorn der Aufsatz für eine Butangasflasche, hinten der traditionelle mit Holzkohle.

Abb. 32: Aufsatz mit (dekoriertem) Unterteil auf der Gasflasche

das aufgeschichtete Gericht lässt – daher die konische Form. Keine Henkel oder Griffe, das Ganze ist auf das Wesentlichste reduziert und noch dazu billig aus einheimischen Rohstoffen herzustellen. Die einzige Besonderheit bildet der Aufsatz an der Spitze des Kegels, der eine kleine Mulde enthält, welche die Größe einer kleinen Tasse erreichen kann. Hier füllt man Wasser hinein, welches den Deckel während des Schmorens kühlt, so dass die Flüssigkeit im Inneren besser kondensieren und wieder dem Kochprozess zu geführt werden kann.

Neben dem Tajine müssen noch zwei weitere Geräte aus Ton genannt werden, die jedenfalls in Marokko nicht von ihm zu trennen sind.
Im Original wird ein Tajine ebenso wie andere Koch- und Schmorgefäße nämlich mit einem transportablen Holzkohlebecken betrieben, dem Kanoun oder Mejmar (Abb. 30 u. 31). Ein fester Herd ist in diesem Zusammenhang weder erforderlich noch üblich – wenn es auch keinen wirklichen Hinderungsgrund gibt, einen zu benutzen.
Traditionell wird der Kanoun wie ein Grill mit Holzkohle benutzt. Doch die modernen Zeiten kehren auch in Marokko ein. Der Küche stehen vor allem in den Städten immer mehr Butangasflaschen als Brennstoffquelle zur Verfügung. Die marokkanischen Töpfer erfanden dazu einfach einen passenden Aufsatz, den Mejmar butagas (Abb. 30 u. 32). Hierin zeigt sich wieder einmal, mit welcher Effizienz die marokkanischen Handwerker vorgehen. Der ursprüngliche Holzkohleofen ist nicht nur tragbar, was bei den nomadischen Berbern zwingend notwendig war, er kommt auch mit relativ wenig Brennmaterial aus. Zum Schmoren reicht geringe Hitze völlig. Statt teure Brenner für die Gasflasche anzuschaffen, wurde der Kanoun dann abgewandelt, so dass er weiterhin benutzt und vor allem aus einheimischen Rohstoffen hergestellt werden kann – was den Töpfern selbst wiederum zugute kommt.

Der Tajine kann allerdings auch ohne diese Zusatzgerätschaften auf einem normalen Herd benutzt werden. Durch seinen flachen Boden eignet er sich praktisch für alle Formen modenen Herde (außer Induktionskochplatten natürlich). Wir haben ihn sogar auf Ceranfeldern erfolgreich getestet.

Abb. 33: Tajine auf Ceranfeldherd

Abb. 34: Kanoun-Ersatz

Wenn man auf den Grillspaß im Freien nicht verzichten möchte, aber keinen Kanoun besitzt, kann man sich auch anders behelfen, wie die Vorrichtung in Abb. 34 zeigt. Mit dem passenden Metalluntersatz kann Holzkohle oder Holz benutzt werden.

Töpferwaren in Marokko: rechts im Bild Objekte, die Tajines ähneln. Die Postkarte trägt den Stempel der Besatzungstruppen. (frz., g, 1915)

Marokkanische Händler. (frz., g, 1931)

Markt in Tanger – auch hier sind Tajines zu sehen. (frz., g, um 1910)

Keramikverkauf vor einem Berberzelt. (frz., ng, nd)

Hier sieht man einige Töpfe der Hamas-Form in den hinteren Reihen. (frz., ng, um 1920)

Marokkanische Jugendliche bemalen die Gefäße. (marok., g, nd)

Auf einem Markt. Im Vordergrund viele große Tajines, hinten riesige Vorratsbehälter. (marok., g, nd)

Viele farbige Keramiken in Tanger. Obwohl koloriert, dürften die Farben der Realität entsprechen. (marok., g, 1948)

Tongefäße auf marokkanischen Briefmarken, links ein Tajine.

Ein typischer Markt in Marrakesch. (marok., ng, nd)

Bastkörbe in Tajine-Form. Oder sind das Transportbehälter für die Töpfe? (marok., ng, 1973)

Töpferladen in einem Berberdorf. Die Tajines scheinen glasiert zu sein.

Zum Tajine möchten wir nun Aziz Bahi aus Marokko selbst zu Wort kommen lassen, der uns neben umfangreichem Bild- und Videomaterial auch einige Texte zur Verfügung stellte. Herr Bahi schickte uns auch eine Reihe von Fotos, auf denen er den Ablauf der Herstellung eines Tajine in einer traditionellen Töpferwerkstatt in Marokko dokumentiert hat.

Aziz Bahi:
Der marokkanische Tajine

Marokko ist für seine vielen Gerichte bekannt, die zu seiner Kultur gehören. Neben dem Couscous gibt es den Tajine, der sich außerdem noch von einem Teil des Landes zum anderen unterscheidet.
Es gibt viele Tajines in Marokko, der Besucher kann sie überall sehen, wenn er von einem Ort zum anderen oder durch Marokko reist: Fés Tanger, Salé, Safi ... die Liste ist lang.
Was ist ein Tajine?
Tajine ist ein Gericht, welche die meisten Marokkaner lieben, wenn auch auf verschiedene Art und Weise. Das hängt von den Traditionen ab, an die man sich hält.

Arten des Tajine:

Natürlich gibt es Unterschiede zwischen dem Norden und dem Süden des Landes, doch in beiden Teilen werden Tajines zubereitet. Sie unterscheiden sich nur in der Art und Weise, wie sie gemacht und serviert werden.
Man könnte hier vor allem zwischen Tajines arabischer Art und der Berberart unterscheiden. Bei der arabischen Art werden oft sämtliche Gemüse einschließlich Möhren, Zwiebeln usw. mit in den Tajine gegeben, vor allem bei den arabischen Tajines des Nordens wie z.B. Fés, Salé, Safi u.a., wogegen im Süden von Marokko nur das Fleisch und die Zwiebeln hineingetan werden. Daher kann man sagen, dass sie sich auf genau diese Weise unterscheiden lassen.

Das Volk der Berber hat ebenfalls ein wenig andere Gewohnheiten. Wenn man den Süden besucht, wird man von der Vielfalt der dort servierten Taijnes überrascht sein, die sich außerdem von Ort zu Ort unterscheiden, was auch von den Traditionen abhängt, wie bereits gesagt.

Wie man einen Tajine macht:

Man kann einen Tajine schon auf die einfachste Art mit ein wenig Öl, etwas Fleisch und Gemüse machen, man nehme z.B. sehr wenig Öl, ½ kg Fleisch, 1 Zwiebel, 3 Möhren, 2 Kartoffeln. Oder nur Fleisch und Zwiebeln, dazu 2 Eier – damit hätte man bereits eine Tajinemahlzeit.

Wann wird ein Tajine serviert?

Wir servieren Tajines sehr oft bei Hochzeiten und anderen Festen. Mehr noch, es ist eine Tradition, wenn man keinen Tajine hat, dann hat man gar nichts. Es hängt ganz davon ab, wo man ist.

Wer ist für den Tajine bekannt?

Beide einheimische Kulturen, sowohl die der Araber als auch die der Berber, sind für ihre Tajines sehr gut bekannt.
Die Berber servieren sie auf wundervolle Art, wobei Frauen sie besser kochen als Männer. Sie benutzen eine Menge Zutaten, um einen guten Geschmack zu erreichen.
In den südlichen Regionen kochen die Frauen sie auf exzellente Weise, mit Oliven- und Arganöl und Honig. Wenn man das einmal gegessen hat, vergisst man es nie wieder und wird immer davon schwärmen. Die besondere Art des Tajine in Marokko ist es, die ihm einen so guten Ruf verschafft hat. Jeder Besucher möchte einmal einen Tajine probieren, sogar in Hotels, wo sie gar nicht angeboten werden.

Heute sehen wir, dass Menschen fremde Gerichte mehr schätzen als jene, die aus der eigenen Kultur stammen, weil sich die Welt verändert und in jeder Weise modernisiert hat.
Wir müssen das benutzen, was wir haben und was wir in unseren Traditionen finden. Wie eben den Tajine, weil er voller Vitamine ist und sich auch sehr gut mit Holz und nicht mit Gas oder Öl als Brennstoff zubereiten lässt.
Mehr noch, der Tajine ist eine Tradition, die unser Leben bestimmt. Wir müssen sie genauso bewahren wie unsere Gesundheit. Der Tajine muss gepflegt und geschützt werden!

Vom Ton zum Topf

(1) Das Material, aus dem man die Tajines macht.

(2) Für 3 bis 4 Tage wird der Ton geschlämmt.

(3) Hier wird der bereits gemagerte Ton aus einem Vorratsloch entnommen. Im Vordergrund anscheinend ein Sieb.

(4) Die vorbereitete Masse in der Werkstatt, bevor sie in portionierte Klumpen verwandelt wird.

(5) Portionszylinder, bereit in jede Form gebracht zu werden, die man haben möchte.

(6) Hier beginnt die Herstellung des Deckels für eine Tajine. Die Drehung erfolgt nur mit der Hand (7 – 9).

(7)

(8)

(9)

(10) Die Herstellung des Unterteils.

(11) Trocknen in der Sonne. Nicht alle werden etwas, das Unterteil in der Bildmitte ist gerissen.

(12)

(13) Wenn sie getrocknet sind, werden sie in einen Ofen gelegt (hier anscheinend von oben). Dann wird der Ofen vollkommen verschlossen.

(14) Das Brennen kann beginnen.

(15) Die fertige Ware.

Man sagt zwar, dass im Tajine Eintopfgerichte zubereitet werden und das stimmt auch, doch man darf dabei nicht die Vorstellung des üblichen deutschen Eintopfs vor Augen haben, der in der Regel eher eine Gemüse- oder Kartoffelsuppe mit Fleischeinlage ist. Spätestens an unseren Rezepten wird man den Unterschied erkennen.
Der ernährungswissenschaftliche Vorteil ist der, dass das Gericht ohne eine Beigabe von allzu viel Wasser im eigenen Saft zubereitet wird. Es gibt kaum Flüssigkeitsverluste und – wenn man es richtig macht – kein Anbrennen oder Anbraten. Die einzelnen Bestandteile wie das Fleisch nehmen den Geschmack des Gemüses und der Gewürze maximal auf.
Derartige Verfahren sind freilich in vielen Varianten am Markt. Sowohl der Römertopf® als auch der Hirtentopf, der Schmortopf, Dampftopf und andere setzen auf ein abgeschlossenes Kochen der kompletten Mahlzeit in einem Gefäß. Ein amerikanisches Vertriebsunternehmen, das wir hier nicht nennen wollen (der Name fängt mit A an) bietet ein teures „Gourmet-Kochset" an, das zwar aus Metall ist, aber demselben Prinzip folgt. Man kann sich also aussuchen, was man für seine Küche, seinen Geschmack haben möchte. Wir wollen hier die einzelnen Angebote nicht vergleichen, sondern annehmen, dass sich die Leser dieses Buches für den Tajine interessieren.

Das wirklich Erstaunliche am Tajine-Gericht ist seine Vielfältigkeit. Wir werden hier zwar eine Reihe von Rezepten anbieten, doch möchten wir die Leser dazu ermuntern, selbst zu probieren. „Tajine lässt sich immer wieder neu erfinden", schrieb Isabelle Dreyfus in ihrem Kochbuch.
In Marokko sind die Tajine-Gerichte früher von der jahreszeitlichen Verfügbarkeit der Gemüse und Fleischsorten abhängig gewesen. Daher hat sich eine enorme Variationsbreite entwickelt, die auch regional unterschiedlich ist. Man kann sicher mit Recht sagen, dass jeder Ort seine bevorzugten Tajines kocht. Kein Wunder, dass man die marokkanische Küche weltweit zu den raffiniertesten Cuisines zählt!
Die Garzeit von Tajine-Gerichten ist länger als beim durchschnittlichen Mittagessen, das stimmt; doch einmal in Gang gesetzt, gart der Tajine praktisch allein und man kann sich um andere Dinge kümmern.
Man kann sozusagen das als Zutaten nehmen, was die Vorratskammer, der Garten oder der nächste Supermarkt gerade hergeben – saisonale Küche also – aber man sollte nicht alles, was im Gewürzregal steht, in den Topf tun. Das Würzen bedarf eines gewissen Fingerspitzengefühls. Man sollte dabei daran denken, dass ein wichtiger Vorteil der Tajine der Erhalt der natürlichen Geschmacksstoffe ist. Hier muss der gute Koch zum Geschmackskomponisten werden. Die Tajine-Küche erlaubt fast alles; scharfe, saure oder auch süße Speisen können mit ihr zubereitet werden.
Ursprünglich verwendeten die Marokkaner nur Hühner- oder Lammfleisch. Heute nimmt man auch Rindfleisch oder Fisch (sogar noch exotischere Sorten, wie einige Rezepte zeigen werden). Nur Schweinefleisch darf der Moslem nicht benutzen, was uns Europäer jedoch nicht davon abzuhalten braucht.
Warum verbietet der Koran das eigentlich? Das ist keine bloße Willkür, sondern hat durchaus einen tieferen Sinn. Schweinefleisch zersetzt sich bei Hitze schnell und führt in heißen Gegenden daher leicht zu Gesundheitsschäden. [Apel 1994, S. 125] Kein Wunder also, dass es zu Zeiten des Propheten verboten wurde.
Die Reihenfolge, in der die einzelnen Zutaten in den Tajine gegeben werden, ist auch wichtig, da die Garzeiten natürlich unterschiedlich sind. Manchmal muss man die Zutaten erst

nach und nach hinzufügen. Bei einigen Rezepten muss Wasser zugegossen werden, damit nichts anbrennt, doch meist reicht die in den verschiedenen Gemüsen oder im Fleisch enthaltene Flüssigkeitsmenge.
Wichtig ist vor allem, dass die Zutaten langsam und sanft gegart werden, denn das ist der eigentliche Sinn dabei.

Hier noch ein paar Tipps:

Unglasierte Tajines müssen vor dem ersten Gebrauch bis zu 24 Stunden gewässert werden. Anschließend reibt man sie mit Olivenöl ein, füllt sie mit Wasser und kocht sie entweder auf der Kochstelle oder im Backofen bei 150 bis 200 °C etwa 30 Minuten ein (Hersteller- und Händlerangaben beachten). Danach wird das Gefäß gesäubert und ist bereit. Es wird oft empfohlen, Tajines vor jedem Gebrauch ½ Stunde lang zu wässern. Das ist aber eigentlich unnötig.
Bei unglasierten Tajines bildet sich auf der Innenseite des Deckels mit der Zeit eine „Patina" aus Fetten und Ölen, welche die Oberfläche versiegelt und den Geschmack verbessern soll. Es ist empfehlenswert, nach der Zubereitung einer Fischtajine das Gefäß besonders gut zu reinigen, da der Fischgeschmack sonst bei späteren Einsätzen stören könnte. Oder man benutzt eine besondere Tajine nur für Fisch.
Gereinigt wird eine Tajine nur mit sehr mildem Reinigungsmittel, da dessen Geschmack sich nicht mit dem des Gefäßes vermischen soll.

Glasierte Tajines müssen nur zum ersten Gebrauch wie oben gewässert werden. Erfahrung zeigt, dass der Tajine später sofort und ohne wässern gebrauchsfertig ist. Die Patina kann sich im Deckel natürlich nicht bilden, wenn er von innen glasiert ist.

Das **Erwärmen** sollte immer langsam erfolgen und nie bis zur höchsten Stufe gehen! Das Garen auf dem Herd erfolgt langsam auf mittlerer Flamme. Im erhitzten Zustand darf die Tajine auch nicht mit kaltem Wasser oder einer kalten Umgebung in Kontakt gebracht werden, sie könnte platzen.

Gewürze

Zur Küche Marokkos gehören die typischen arabischen Gewürze, die man heute auch in Deutschland in gut sortierten Regalen oder speziellen Geschäften bekommen kann.
Aziz Bahi hat sich auf dem Kamelmarkt von Gouelmine Par Tiznit ein wenig umgesehen und vermittelt uns ein klein wenig vom Gefühl eines orientalischen Basars (s. nächste Seite).
Folgende Zutaten hat er gefunden, die für viele Tajine-Gerichte zu empfehlen sind:

1 Zimt
2 Kreuzkümmel (Cumin)
3 Saffran
4 Paprika
5 Pfeffer
6 Kichererbsen
7 Knoblauch

Beim Gemüse nimmt man, was es gerade gibt. Kartoffeln, Möhren, weiße Rüben, Zwiebeln, aber auch Paprika und Tomate sind als Garnierung sehr beliebt. Fast überall wird Petersilie zugegeben.
Unerläßlich ist natürlich auch Olivenöl. Wir werden später in diesem Buch noch erfahren, wie es in Marokko auf dem Land noch heute hergestellt wird.
Ein ganz besonderes Öl muss aber unbedingt in einem Buch über die Küche Marokkos erwähnt werden: das Arganöl – das teuerste Öl der Welt – wird ausschließlich hier produziert und von den Einheimischen seit jeher verwendet. Hierzu folgt ein weiterer Bericht von Aziz Bahi.

1
2
3
4
5

6
7

Aziz Bahi: Das Arganöl – das flüssige Gold Marokkos

Es gibt einige Eigenschaften, die Arganöl von allen anderen Produkten unterscheiden. Arganöl ist für den ausdrücklichen Zweck der wirtschaftlichen Entwicklung der armen Berberregionen Marokkos vermarktet worden. Der Arganwald steht auf der UNESCO-Liste der gefährdeten Arten[4] – diese Studie wird daher auch die Effektivität untersuchen, mit welcher dieser Baum vor dem Aussterben geschützt wird.

Abb. 35: Aragnölsortiment

Was ist Arganöl?

Der Name der Menschen, welche die Agadir-Region von Marokko bevölkern, ist eng mit dem des Argan verbunden. Sie haben ihn als Quelle für Nahrung, Feuerholz und Baumaterial benutzt. Zusätzlich zu seiner Nutzung als Medizin ist das Arganöl ein Bestandteil der Ernährungsweise der Berber; für gewöhnlich wird es auf Brot oder in Amlou gegessen, einer süßen Öl- und Mandelpaste, die etwa wie Erdnussbutter verwendet wird.

Der Baum bringt eine eiförmige grüne Frucht hervor, die in einer Nuss 2 bis 3 Kerne enthält. Um die Kerne zu entnehmen, muss zunächst die Nuss geknackt werden. Das ist der schwierigste Teil des Vorgangs. Die Argannuss ist die härteste bekannte Nuss überhaupt. Sogar Maschinen, die dafür gebaut wurden, um sie zu öffnen, haben versagt. Wenn die Nuss aufgeschlagen wurde, röstet[5] man die enthaltenen Kerne leicht, um ihren Geschmack zur Geltung zu bringen. Danach wird das Öl aus ihnen gepresst.

Wenn man die entstehende Paste mit Wasser mischt, kommt das Öl an die Oberfläche, wo man es sammelt. Das dauert 15 bis 20 Stunden. Für ein Liter Arganöl benötigt man etwa 2,5 kg der Kerne (die kleiner als Sonnenblumenkerne sind).

Die gesunden Eigenschaften des Arganöls und seine Vielzahl von Anwendungsmöglichkeiten haben geholfen, es zu Starruhm zu bringen. Es enthält viele Antioxidantien und ist reich an Vitamin E. Allein diese Tatsachen machen Arganöl ideal für eine große Zahl von Hautcremes und andere kosmetische Produkte. Man benutzt es sogar, um Leiden wie Arthritis zu behandeln. In manchen Ländern wie z. B. Polen wird es als Vitamin-Gelkapseln angeboten. Am wichtigsten ist jedoch, dass es der reiche und nussige Geschmack zu einem wichtigen Bestandteil der Gourmetküche macht. Die Berber des Südwestens von Marokko benutzen es seit Jahrhunderten in ihrer Küche, sowie für medizinische und kosmetische Zwecke.

Arganöl wird für die Zubereitung vieler verschiedener Speisen benutzt. Amlou ist die bekannteste. Das ist ein Brotaufstrich, der aus Mandeln und Arganöl gemacht wird. Der nus-

[4] Der Argan- oder Arganenbaum (Argania spinosa) ist einer der ältesten Bäume der Welt und existiert auf der ganzen Erde nur noch im Südwesten Marokkos in einem Bioreservat. Zum Namen: Wir folgen hier der Bezeichnung unseres einheimischen Berichterstatters Aziz Bahi.

[5] Deutsche Arganöl-Importeure bezeichnen dies als die Berber-Art der Ölgewinnung und unterscheiden kaltgepresstes Öl davon.

Abb. 36: einzeln stehender Arganbaum

sige Geschmack des Öls wirkt ebenfalls sehr gut in Salaten oder Soßen.

Die Angelegenheit der geografischen Indikation

> Eine geografische Indikation (GI) ist ein Name oder Zeichen, das von bestimmten Produkten benutzt wird, die zu einer spezifischen geografischen Lage oder Ursprungsort gehören (z. B. eine Stadt, Region oder ein Land). Die Benutzung einer GI kann als Zertifikat gelten, dass das Produkt bestimmte Qualitäten besitzt oder einen bestimmten Ruf hat, der von seiner geografischen Herkunft abhängt. [Wikipedia]

Geografische Indikationen unterscheiden sich von einer Zuordnung zu einer Quelle, sie bezeichnen eine Region, während Trademarks den Hersteller hervorheben oder die Herkunftsregion einer Ware und die Charakteristika, die davon abgeleitet werden. Argan dagegen bezeichnet die Pflanze, von der es kommt, welche zufällig nach der Region ihres Auftretens benannt wurde.

Arganöl besitzt noch keine geografische Indikation und die WHO hat sich noch nicht mit der Sache befasst. Tatsächlich hat man das Wort „Argan“ in einem europäischen Land bereits schützen lassen. Die WHO berichtet, dass Marokko niemals an irgendwelchen Handelstreits beteiligt war, weder als Beschwerdeführer noch als Beklagter.

Die Freihandelsabkommen

Marokko hat erst kürzlich ein Freihandelsabkommen mit den Vereinigten Staaten unterzeichnet. Dieses Abkommen hebt alle Steuern auf landwirtschaftliche Produkte über einen Zeitraum von fünfzehn Jahren auf. Eine Schutzklausel bietet den USA Schutz vor niedrigpreisigen Gartenbauprodukten.
Marokko hat ebenso ein Freihandelsabkommen mit der EFTA (der europäischen Freihandelsorganisation). Da Arganöl im Moment ein Monopol Marokkos ist und nicht besonders zum BSP beiträgt, scheint es nicht so, dass das kurzfristige Erlangen einer geografischen Zuordnung für die marokkanische Regierung eine hohe Priorität besitzt, langfristig würde es jedoch Marokkos Interessen nützen.

Das Handelsprodukt

Arganöl wird nur von einem Land der Welt exportiert, nämlich Marokko, da es gegenwärtig nur dort wächst. Es gibt jedoch Händler in Europa und Nordamerika. Entsprechend einer Schätzung beträgt die Gesamtproduktion der Arganfrucht ungefähr 350 000 Tonnen pro Jahr, das sind etwa 50 Milliarden Früchte. Allein in der Essauouira-Region werden schätzungsweise 1000 bis 2000 Tonnen Arganöl pro Jahr produziert. Es ist allerdings schwierig, an derartige Daten heranzukommen. Aus verschiedenen Gründen, denn Arganöl ist ein relativ neues internationales Produkt und die Lieferanten sind ländliche Marokkaner, nicht große Firmen, die in der Lage sind, genau Buch zu führen. Die Targanine-Öl-Kooperative hatte 2000 ein Betriebseinkommen von über 100 000 $, wobei 60% der Geschäfte über das Internet liefen. Die meisten Verkäufe gingen an Händler in Europa und Nordamerika. Man schätzt, dass 90% der Landwirtschaft dieser Region vom Arganbaum abhängt. Das hat nicht nur damit zu tun, dass der Baum eine Nahrungsquelle ist, sondern auch mit den anderen Nutzungsformen: Holzkohle, Baumaterial, Tierfutter[6], als Schattenspender und Bodenstabilisator für den Anbau von Feldfrüchten.

Das Umweltproblem

Das Problem mit dem Arganbaum ist, dass er eine seltene Spezies darstellt und sich die Ölausbeute verschlechtert, wenn man ihn auf die falsche Weise kultiviert. Einst eine Art, die in ganz Nordafrika vorkam, findet man ihn heute nur noch in der Region von Agadir im Südwesten Marokkos. Der Arganwald bedeckt ein Gebiet von etwa 700 000 bis 800 000 Hektar, was etwa 7% des gesamten Waldbestandes in Marokko darstellt.
Entsprechend der Natur des Argan und dem Klima, in dem er gedeiht, hat er eine typische Lebensdauer von 125 bis 150 Jahren, wobei einige der ältesten Exemplare mehr als doppelt so alt sind. Daher ist der Argan eine langsam wachsende Pflanze, die ihre Zeit braucht, um zu reifen. Das aride Klima, in dem er lebt, unterstützt eine langsame Entwicklung. In der Agadir-Region gibt es nur zwischen 200 und 300 mm Regen pro Jahr.
Der Argan ist an dieses harte Klima gut angepasst. Er ist ein immergrüner Baum, dessen Wurzeln sich bis zu 90 m tief in die Erde erstrecken können, was den Arganbaum essentiell macht, um Erosion zu verhindern, den Grundwasserhorizont zu heben und Schutz gegen die Versteppung zu bieten. Zusätzlich erlaubt es der Schatten der Bäume, dass dort Gras wächst, welches sonst in der sengenden Sonne verbrennen würde. Diese kleineren Pflanzen helfen ebenfalls, die Ausbreitung der Wüste zu verhindern, wobei sie auch noch Nahrung für grasende Tiere sind. Trotz der harten Bedingungen ist der Arganbaum sehr gut an das Klima angepasst und es sind die Menschen, die

[6] Die Früchte sind für Menschen nicht genießbar, Ziegen jedoch mögen sie so sehr, dass sie sogar auf die Bäume klettern!

in erster Linie für seinen Rückgang verantwortlich sind.
Menschen nutzen den Baum zur Gewinnung von Holzkohle, um ihre Feuer zu nähren. Zusätzlich erlauben sie ihren Haustieren und Ziegen, die gerne auf den Bäumen herumklettern, sie zu stark abzuweiden. Die Menschen neigen dazu, die Früchte in übermäßigen Mengen zu ernten, um Öl zu machen, was den Baum davon abhält, sich selbst zu reproduzieren. Es wird geschätzt, dass der Argan seit der Wende zum 20. Jahrhundert ein Drittel seiner Waldfläche verloren hat und jedes Jahr 600 ha verloren gehen. Trotz des Rückgangs seiner Anzahl bleibt der Argan jedoch die Lebensquelle der Menschen, die in der Region leben.

Erhaltungsanstrengungen

Eine Menge Forschungen sind mit Arganöl angestellt worden. Zum Beispiel durch die Chemikerin Zoubida Charrouf, die sich auf organische Chemie spezialisierte. Bei ihren Untersuchungen entdeckte sie Eigenschaften des Argan, die es sonst nirgendwo gibt, einschließlich Antioxidantien und antibakterieller Wirkungen. Sie organisierte die erste Frauen-Arganöl-Kooperative in Marokko, da in der Berberkultur die Frauen das Öl machen.
Die Weltgemeinschaft sollte sich entschließen, Argan zu einer geografischen Indikation zu machen. Das würde den Frauen von Marokko ein besseres Leben für eine unbestimmte Zeitspanne garantieren. Sie würden keine Konkurrenz ausländischer Hersteller fürchten müssen, sollte es jemals gelingen, den Baum in anderen Teilen der Welt erfolgreich zu kultivieren.
Arganöl ist nicht einfach nur ein Nahrungsmittel. Es ist ein Produkt, das die Ethnizität eines ganzen Volkes definieren hilft.
Der World Life Fund arbeitet ebenfalls in Marokko, um den Arganwald erhalten zu helfen. Ein Plan für eine umweltverträgliche Nutzung der Produkte dieses Waldes ist kürzlich umgesetzt worden. Diese Produkte schließen Arganöl ein, aber auch Honig und Artikel, die aus Araar-Holz gefertigt sind. Ökotourismus als eine potenzielle Einkommensquelle wird ebenso untersucht. Der WLF bildet auch Imker und Hersteller von Arganöl darin aus, wie sie die Qualität ihrer Produkte verbessern können. Später wird ein Prozess zur Zertifizierung dieser Produkte geschaffen werden, um zu bezeugen, dass diese auf ökologisch, sozial und wirtschaftlich gesunde Art gewonnen wurden. Das wird ähnlich der Zertifizierung geschehen, die garantiert, dass Thunfisch auf eine „delfinsichere“ Art gefangen wurde oder Kaffee für „Fair-Trade“-Preise von Farmern in armen Ländern gekauft wurde. Dies bedingt, dass Verbraucher das gute Waldmanagement anerkennen, das die Hersteller einführen wollen.

Die Berber

Das Berbervolk bewohnt heutzutage Marokko und Algerien. Volk und Kultur der Berber stammen noch aus der Zeit vor dem Islam und dem Aufstieg der Araber. Bis zum heutigen Tag sprechen die Berber ihre eigene Sprache und praktizieren ihre eigene Kultur, die sich von der arabischen Sprache und Kultur unterscheidet.
Arganöl ist ein wichtiger Bestandteil ihrer Kultur, und das Leben der traditionellen Berberfrau dreht sich manchmal ganz darum, wie beobachtet wurde.

Der Arganbaum

Er wächst nur in Marokko. Das Leben vieler Familien dreht sich um den Arganbaum. Sie benutzen ihn für Nahrung, Schutz, Baumaterial, Holzkohle, Feuerholz und Tiernahrung. Ohne den Arganbaum würde die Armut der Region steigen und eine Massenabwanderung in die Städte eintreten. Das Leben in der Region wäre nicht mehr aufrechtzuerhalten.
Der Arganbaum verschwindet mit einer Rate von 600 ha pro Jahr. Manche Wissenschaftler glauben, dass die Spezies bereits aufgehört hat,

sich fortzupflanzen. Da das Klima sehr trocken ist, ist der Keimungsvorgang sehr schwierig, da Wasser üblicherweise der Katalysator dafür ist.

Ersatzstoffe

Walnussöl, Mandelöl, andere Nussöle: Obwohl es in der Küche durch andere Öle mit Nussaroma ersetzt werden kann, gibt es keinen wirklichen Ersatz für das Arganöl, es kommt nur vom Argania spinosa.
Theoretisch könnten die Menschen die Wüste zurückdrängen. Dies ist jedoch sehr kompliziert. Es kann mit Hilfe anderer Pflanzen getan werden, doch es ist immer besser, einheimische Pflanzen zu benutzen. Eine andere Baumart der Region ist der Araar-Baum, doch dieser ist nicht wie der Arganbaum.
Der Arganbaum ist anders, weil es zwei verschiedene Arten gibt, die jeweils in den Bergen oder an den Flüssen wachsen. Der ergiebigere ist derjenige, welcher in den Bergen wächst, weil er viel Öl produziert und langlebig ist, verglichen mit dem anderen, der nicht so stark ist. Dieser Baum sollte wegen seines Reichtums und seiner Nützlichkeit geschützt werden. Die Menschen müssen alle Anstrengungen dazu unternehmen.

Ergänzung: Zusammensetzung des Öls

Arganöl besteht zu 80% aus ungesättigten Fettsäuren und verfügt über die höchste Konzentration von Fettsäuren sowie Linolsäuren (Omega-6) im natürlichen Verbund. Es ist ungewöhnlich reich an Alpha-Tocopherol, dieses wiederum besitzt die stärkste Vitamin E Aktivität. Außerdem enthält das Öl hohe Werte an Phytosterolen. Besondere Bedeutung soll das enthaltene Schottenol und Spinasterol haben. Die Konzentration von natürlichen Antioxidantien ist einmalig hoch. [3]

Die Herstellung von Arganöl

(1) Arganbäume mit Früchten.

(2) Die längliche Frucht, fleischige immergrüne Blätter und Dornen zeichnen den Baum aus.

(3) Die Ziegen klettern sogar auf die Bäume, um an die Früchte zu kommen, die für Menschen nicht genießbar sind.

(4) Nachdem das Fruchtfleisch entfernt wurde, schlagen Frauen die mandelförmigen Kerne mit Steinen auf.

(5) Die fertigen Nüsse, links die aufgebrochenen Schalen.

(6) Die Nüsse werden leicht geröstet.

(7) Mit diesem traditionellen Werkzeug werden die Nüsse dann zu einem Brei gepresst.

(8) Wasser wird beigemengt und geknetet, bis es so aussieht wie in (9).

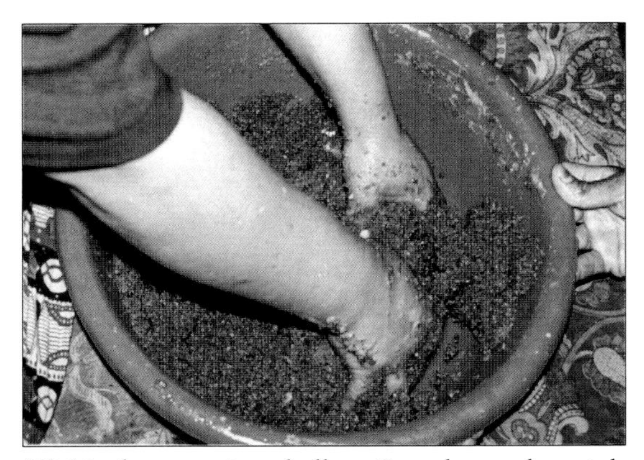

(9) Nach etwa einer halben Stunde sondert sich das Öl vom Fruchtsaft ab.

(10) Es wird mit der Hand herausgeknetet.

(11) Und schließlich für den Eigenbedarf abgefüllt.

Was Aziz Bahi in seiner Darstellung nicht erwähnt, ist der Umstand, dass die Ziegen nicht eben daran gehindert werden, die wertvollen Früchte des Arganbaumes zu fressen – im Gegenteil. Auf eine gewisse Weise, die hier nicht im Detail erforscht werden soll, dienen sie sozusagen als Produktionsmaschinen. Die Kerne sind nämlich so hart, dass es ihnen überhaupt nichts ausmacht, gefressen zu werden. Die Arganfrüchte dürfen nicht abgeschlagen werden, man liest sie vom Boden auf. Mit oder ohne Fruchtfleisch ...

Aziz Bahi: Fragen zum Olivenöl in Marokko

Es gibt Olivenöl reichlich in Marokko, es hängt allerdings vom Klima und der Umgebung ab, wo es vorkommt. Von der Rif-Region bis zum Kleinen Atlasgebirge gibt es Olivenöl, aber es ist unterschiedlich in Textur und Qualität.

Was ist eigentlich Olivenöl? Wie jeder weiß, kommt es vom Olivenbaum. Die Bäume sind recht unterschiedlich, manchmal sind es kleine Bäume, manchmal große. Die Leute ernten die Früchte und bringen sie in die Mühlen, wo das Öl gewonnen wird.

Wer ist für sein Olivenöl bekannt? Natürlich sind das die Berber, denn es gehört zu ihren Traditionen, Öl zu machen. Sie benutzen es in jeder Mahlzeit, sogar beim Frühstück. Nicht nur in der Küche, sondern auch in der Medizin, z. B. zur Massage.

Wie machen sie das Öl? Die reifen Früchte werden geerntet und zur Ölmühle gebracht. In der alten Weise wird ein Esel oder ein Pferd benutzt, um die Kerne zu gewinnen. Dann werden diese in einer Maschine gepresst, um das Öl zu erzeugen. Auf die althergebrachte Art dauerte das wenigstens 4 Tage. Heute kann man das mit besseren Maschinen in 2 Tagen erledigen.

Welche Jahreszeiten sind dafür geeignet? Olivenöl gibt es von Anfang September bis Ende Dezember. Wie gesagt, benutzen die Leute das

Öl für eine Menge Dinge, zur Ernährung, zur Massage und bei Krankheiten, außerdem verwenden sie die Oliven natürlich zum Kochen und zur Speisenzubereitung.

Wo gibt es das beste Olivenöl? Man findet es vom Norden bis in den Süden Marokkos, aber an jedem Ort ist es anders. Die meisten Leute meinen, dass das Öl aus dem Süden das beste sei – wegen dem Klima den Bäumen, die dort über viele Jahre wachsen und gedeihen können.

Abaynou als Beispiel: Abaynou ist ein kleines Dorf im Süden von Marokko, der Ort ist für seine heiße Quelle (s. S. 99) bekannt, die sich als sehr nützlich für manche Krankheiten erwiesen hat. Außerdem ist er für sein Öl bekannt, das wirklich sehr gut ist. Die meisten Ausländer müssen zugeben, dass sie es mit vielen anderen Sorten verglichen haben und es für sie aus verschiedenen Gründen die Nummer Eins ist: Es ist reinstes Öl, das man viele Jahre ohne Verluste aufbewahren kann, und je länger man es lagert, um so stärker wird es.

Wie wird es hergestellt? Die Arbeit wird in traditioneller Art gemacht, nicht wie an anderen Orten, wo man Maschinen benutzt, hier nimmt man überall die alten Mühlen. Es gibt zwei Hersteller von Olivenöl, bei denen nur spezialisierte Fachkräfte arbeiten.

Abb. 37: Olivenhain

Was machen sie mit dem Öl? Die Leute verbrauchen es zur Ernährung, manchmal reicht es bis zum nächsten Jahr. Andere verkaufen es, um ihr Leben zu verbessern. Ein Liter kostet etwa 60 DH (ca. 5,40 Euro). Doch manchmal kann man es einfach nicht bekommen, selbst wenn man einen höheren Preis zahlt.

Der Olivenbaum: Der Baum wird mehr als 60 Jahre alt, man muss ihn nur gut pflegen und wässern. Die Menschen benutzen ihn zur Öl-

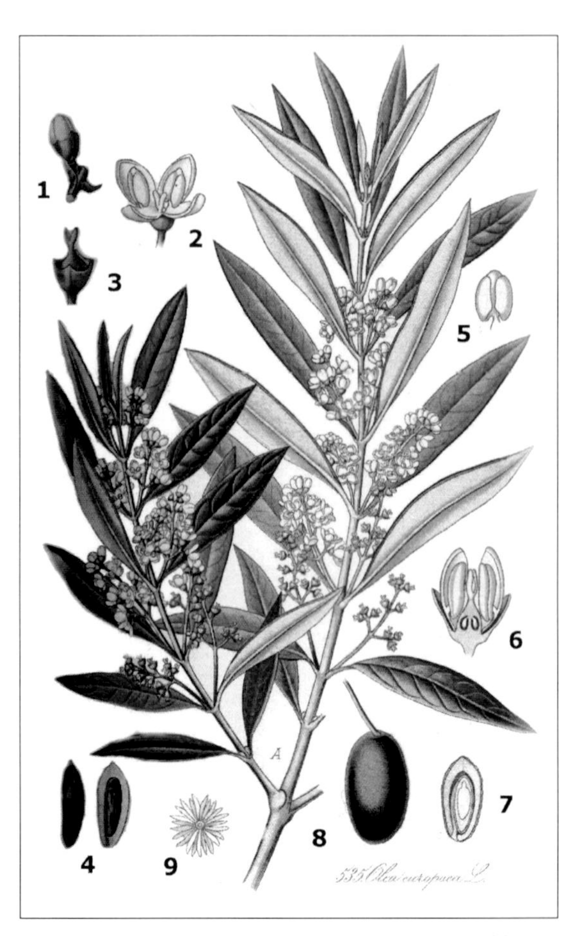

Abb. 38: Olea europaea. Blühender Zweig, 1: Geschlossene Blüte = Blütenknospe, 2: Staubblätter, Vorder- und Rückseite in geöffneter Blüte, 3: Blütenstempel in Blüte ohne Blütenhüllblätter, 4: Olivenkern = Same der Steinfrucht, rechts Längsschnitt, 5: Staubblatt, 6: Längsschnitt durch die Blüte: Längsschnitt vom Fruchtknoten, 7: Olive im Querschnitt, Fruchtfleisch und Samen darstellend, 8: Steinfrucht (Olive), 9: Sternhaar.

gewinnung, das Holz als Baumaterial oder Feuerholz, die Blätter für die Tiere. Er gibt Schatten und hat noch andere Vorteile.
Der Olivenbaum in den letzten Jahren: Von den 90er Jahren bis heute ist die Produktion von Olivenöl stark zurückgegangen, weil sich das Klima sehr verschlechtert hat. Die Klimaveränderung ist stark spürbar. Dazu kommt eine steigende Umweltbelastung durch Chemikalien, die in der Landwirtschaft eingesetzt werden. Trotzdem versuchen einige Leute die alten Traditionen beizubehalten.

Einige Ideen, um den Baum zu schützen:
Jeder sollte sich anstrengen, diesen Baum zu schützen, denn er ist sehr wertvoll. Ein Weg ist die Gründung von Kooperativen, denn mit einer hohen Ölproduktion kann wiederum viel Arbeit geschaffen werden. Es müssen mehr Bäume kultiviert werden. Man sollte sich auf die traditionellen Wege besinnen und versuchen, die neuen Technologien zu meiden.
Der Olivenbaum sollte geschützt werden, denn er ist wirklich eine Ressource für den größten Teil unserer Nation. Wir müssen darin zusammenarbeiten. Ohne das Olivenöl könnten wir nicht überleben, denn es ist unsere Energie. Es ist für uns wie ein Diamant, den wir nicht zerstören dürfen. Die Menschen in der Welt sollten einander helfen, um ihre Schönheiten zu bewahren und das zu erhalten, was sie nötig brauchen, so wie das Olivenöl.

Geschichtliches über den Olivenbaum

Die Geschichte des Ölbaums reicht bis in die Antike zurück. Wann die Wildform zur fruchtbaren Gartenolive kultiviert wurde, ist unbekannt. Archäologische Funde deuten jedoch darauf hin, dass dies um 4000 v.u.Z. in Kreta und Syrien geschah. (Erste archäologische Funde von Olivenkernen sind über 9000 Jahre alt, dabei handelt es sich aber um von Menschen gesammelte Oliven von wilden Olivenbäumen.) Auch der häufige Hinweis in der Bibel auf den Baum und seine Erzeugnisse, auf seinen Überfluss im Land von Kanaan und den wichtigen Platz, den er in der Wirtschaft von Syrien hat, lässt vermuten, dass dort der Ursprung des kultivierten Olivenbaumes liegt. Möglicherweise gelang es erst einigen Stämmen, die Olive zu kultivieren, die den Olivenbaum dann weitergaben. So wurde die Pflanze schnell zum Zeichen des Friedens. Im trockenen Klima des Nahen Ostens stellte das Öl bald ein wichtiges und gesundes Grundnahrungsmittel dar. In der Wirtschaft, Religion und Kunst sowie den vielen Mythen spiegelt sich diese wichtige Rolle des Olivenbaums wider.
Der Bibel nach war die Ölfrucht den Juden im gelobten Land verheißen, bildete einen bedeutenden Teil des Reichtums und war neben dem Feigenbaum und Weinstock das Bild des Wohlstandes und bürgerlichen Glückes. Die eingewanderten Israeliten fanden den Olivenbaum schon vor. Die Könige David und Salomo förderten seinen Anbau. Man benutzte das Öl zu Speisen, bei Opfergaben, als Brennöl und zum Salben des Haars und des ganzen menschlichen Körpers.
Zu Homers Zeiten benutzte man in Griechenland das Holz des wilden Ölbaums wegen seiner großen Festigkeit zur Anfertigung von Axtstielen. Das Öl diente zum Salben des Körpers, war aber den Reichen und Edlen als Luxusgut vorbehalten, wie es in der Ilias beschrieben wird. In der Akademie standen die der Athene geweihten unantastbaren Ölbäume; sie stammten der Sage nach von der Mutterolive auf der Burg, die von der Göttin selbst geschaffen und später nach der Verbrennung durch die Perser von selbst aus der Wurzel wieder aufgesprossen sein soll. Nach einer griechischen Sage hatten die Götter Athene und Poseidon einen Wettstreit ausgetragen. Als Gewinner sollte derjenige gelten, der den Bewohnern von Athen das sinnvollere Geschenk überbringt. Athene setzte sich mit dem von ihr erschaffenen Olivenbaum durch, der den antiken Griechen als hei-

lig galt. In zahlreichen griechischen Stadtstaaten war es gesetzlich verboten, Olivenbäume zu fällen.
Im 6. Jahrhundert v.u.Z. kam der Olivenbaum nach Italien. Wie schon in Griechenland war ein Kranz aus Ölzweigen die höchste Auszeichnung des um das Vaterland hochverdienten Bürgers, sowie der höchste Siegespreis bei den Olympischen Spielen. Der Ölzweig war das Symbol des Friedens, und Besiegte, die um Frieden baten, trugen Ölzweige in den Händen.
Auch im alten Christentum ist die Taube mit dem Ölzweig ein Symbol des Friedens. Der Bibel zufolge schickte Noah nach der Sintflut eine Taube los. Sie kehrte mit einem Ölzweig im Schnabel zurück: Die Erde grünte wieder, das Leben war zurück. Jesus hielt zwischen Olivenbäumen im Garten Getsemani kurz vor seiner Kreuzigung Zwiesprache mit Gott. Paulus illustrierte das Verhältnis zwischen Heidentum und Judentum mit einem wilden und einem edlen Ölbaum. Wilde Oliven (Olea europea L. ssp. oleaster oder Olea europea L. sylvestris) wachsen an der Küste des Mittelmeeres. Eine afrikanische Variante (Olea Africana Mill. oder Olea chrysophylla Lam.) kommt in Jemen und im Gebel Elba-Gebiet im äußersten Süden Ägyptens vor.
In Ägypten wurden Oliven an der Mittelmeerküste, den Oasen Ba'rija, Dachla, Karga und Siwa sowie auf dem Sinai angebaut. Der erste Nachweis stammt aus der 18. Dynastie. Im Grab von Tut-ench-Amum wurden Blätter des Ölbaums gefunden. In Ptolemäischer Zeit wird die Pflanze häufiger angebaut, in römischer Zeit ist sie sehr geläufig. Nach Theophrast war der Ölbaum in der Thebais zu finden, nach Strabo auch im Fajum. [Wikipedia]

Die Herstellung von Olivenöl

(1) Oliven am Baum, sie sehen den Arganfrüchten auf den ersten Blick recht ähnlich. Es gibt schwarze und grüne Oliven.

(2) Oliven auf der Ölmühle

(3) Das Pferd beginnt seine Arbeit. Es hat viele Runden vor sich.

(4) Nachdem das Pferd seine Arbeit getan hat, sehen die zermahlenen Oliven so aus.

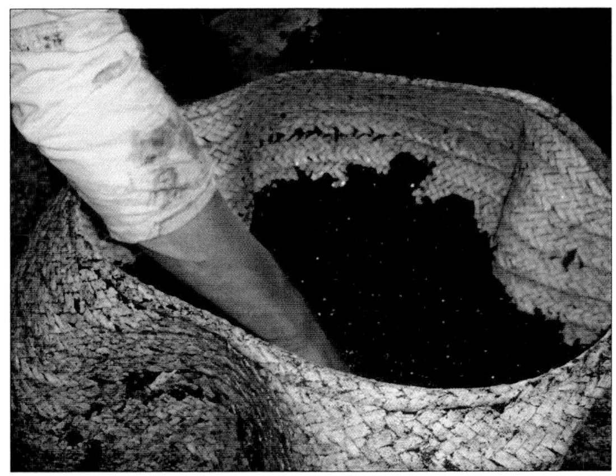

(5) Die Masse wird zur weiteren Verarbeitung in Säcke gefüllt.

(6) Mit einer Handpresse werden die Säcke ausgepresst.

(7) Auffangbecken für das Öl.

(8) Die letzten Verunreinigungen werden beim Abfüllen durch ein Sieb gefiltert.

(9) Aziz Bahi füllt sich eine Flasche mit kaltgepresstem Olivenöl ab.

(10) Die Reste der Olivenverarbeitung werden als Tierfutter u.a. verwendet.

Auf den folgenden Seiten bieten wir Ihnen eine Auswahl von interessanten Tajine-Rezepten an, die von verschiedenen Autoren stammen oder selbst entwickelt wurden. Sie können die Rezepte leicht abwandeln oder sich zu eigenen Kreationen inspirieren lassen – mit dem Tajine ist (fast) alles machbar.
Die Quellenangaben auch von benutzten Kochbüchern finden Sie am Ende des Buches.
Woher Sie einen Tajine bekommen können, verraten wir im Anschluss, man kann die Rezepte aber natürlich auch in einer Kasserolle mit dickem Boden ausprobieren. Als Beilage sollte – wenn überhaupt erforderlich – Fladenbrot, Couscous oder einfach Reis angeboten werden.

Aufwand für die Rezepte:

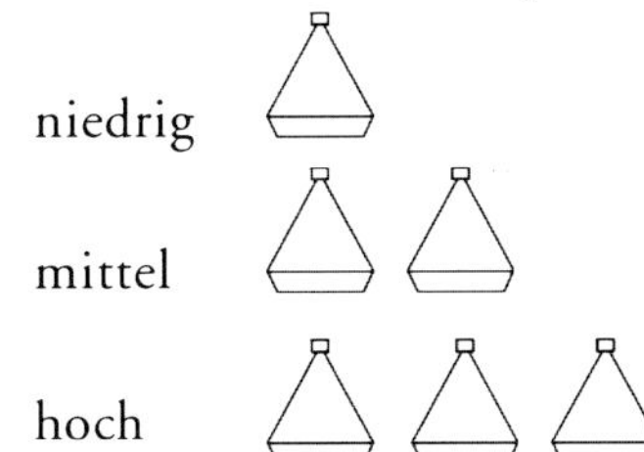

Vegetarisches

Tajine mit Gemüse

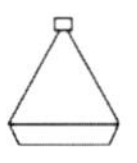

Zutaten

½ Glas Olivenöl (2 cl)
½ EL Salz je nach Geschmack
1 TL Paprika
1 TL Pfeffer
ein wenig Safranpulver mit 3 Stück sehr klein geriebenem Knoblauch
ein großer Löffel kleingeschnittene Petersilie
1 TL Kreuzkümmel
100 g rote Oliven
alle Arten Gemüse, z.B.: Möhren, Kartoffeln, Wasserrüben, Zwiebeln, Pepperoni ...

Zubereitung

Das Gemüse wird in runde oder längliche Stücke geschnitten. Der Unterteil des Tajine wird auf das Feuer gesetzt und das Öl und ein Gemisch der erwähnten Gewürze wird hinein gegeben. (2) Dazu kommen die kleingeschnittene Zwiebel und der Knoblauch. (3)
Der Ansatz muss nun für etwa 15 Minuten unter gelegentlichem Umrühren erhitzt werden.
Wir fügen dann als Zutaten 50 g Erbsen hinzu, Tomatenscheiben, Petersilie, sonstiges Gemüse und ein wenig Kreuzkümmel (4), dann ein Glas Wasser, abhängig davon, wie man es haben möchte. Das wird für 40 Minuten auf kleiner Flamme gegart.

1

2

3

4

Tajine Omelette á la Berber
Für 2 Personen

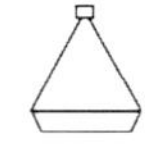

Zutaten
½ EL Salz
eine große Zwiebel
2 Tomaten
1 EL Kreuzkümmel
1 EL Pfeffer
6 Eier
½ EL Öl
100 g rote Oliven
etwas Petersilie

Zubereitung
Wir geben das Olivenöl in den Tajine (1) und schneiden die Zwiebel in kleine Stücken, die wir dazu geben. (2) Dann fügen wir Kreuzkümmel, Pfeffer und Salz hinzu und mischen alles gut bis es anbrät. (3) Dann geben wir die in Scheiben geschnittenen Tomaten hinzu (4) und lassen es für etwa 20 Minuten kochen, bis die Tomaten zerkocht sind. Nachdem die Masse angebraten ist, dekorieren wir sie mit roten Oliven, Petersilie und Kreuzkümmel, wie auf den Bildern (5) zu sehen ist. Nach etwa 10 Minuten wird das Ei untergerührt. (6) Mit Fladenbrot servieren.

1

2

3

4

5

6

Bunter Gemüsetajine
Für 4 Personen

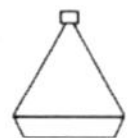

Zutaten
2 EL Olivenöl
4 Kartoffeln
2 weiße Rüben
3 Möhren
4 Zucchini
3 Stangensellerie
1 Zwiebel
6 Knoblauchzehen, gehackt
1 kleine rote Chilischote
1 TL Kreuzkümmel
2 EL Petersilie

Zubereitung
Die Kartoffeln und Rüben würfeln, die Möhren in 0,5 bis 2,5 cm große Stäbchen schneiden. Die Zucchini und die Stangensellerie in 1,5 cm große Stücke schneiden. Die Zwiebel würfeln und auch die Chilischote zerhacken. Zunächst Chili, Kreuzkümmel, Petersilie, Knoblauch und gehackte Zwiebel mit dem Öl 5 min anbraten lassen. Gemüse gemischt hinzugeben und aufschichten, die Zucchini etwas später, da sie schneller gar werden. Etwas Wasser hinzufügen und 20 bis 30 min garen lassen.

Kicherbsen-Chorizo-Tajine
Für 4 Personen

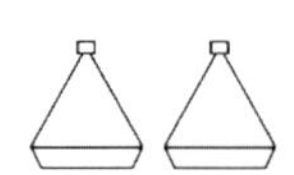

Zutaten
175 g Kichererbsen
2 - 3 EL Olivenöl
2 rote Zwiebeln
2 Knoblauchzehen
1 dünne Chorizo
2 - 3 frische Lorbeerblätter
einige Zweige frischer Thymian
1 - 2TL Paprikapulver
½ Bund frischer Salbei
Saft einer Zitrone
Salz und Pfeffer

Chorizo eine würzige, feste, grobkörnige und mit Paprika und Knoblauch gewürzte Rohwurst vom Schwein aus Spanien und Portugal. Die Paprika gibt ihr eine rote Farbe und trägt zu ihrem typischen Geschmack bei. Chorizo enthält üblicherweise bis zu doppelt soviel Paprika wie die ebenfalls mit Paprika gewürzte ungarische Salami. Natürlich kann man auch eine ähnliche Wurst benutzen oder sie ganz weglassen, wenn es vegetarisch sein soll. Das Paprikapulver sollte spanisches, geräuchertes Paprika sein, wenn irgendwo aufzutreiben.

Zubereitung

Kichererbsen müssen in der Regel über Nacht eingeweicht werden! Nun abtropfen lassen, in einen Topf geben und aufkochen lassen. Sie müssen jetzt noch noch 45 min köcheln.

Zwiebeln und Knoblauch werden mit dem Öl im Tajine erhitzt, dann wird die Chorizo mit dem Lorbeer und Thymian zugegeben und goldbraun gedünstet.

Die Kichererbsen unter kaltem Wasser abschrecken und dem Tajine hinzufügen. Mit Paprika bestreuen. 10 - 15 min garen.

Salbei und Zitronensaft untermischen, mit Salz und Pfeffer würzen und mit Fladenbrot servieren.

Butternusskürbis-Tajine

Für 3 - 4 Personen

Zutaten

3 EL Olivenöl und 1 Nuss Butter
12 rosa, geschälte Schalotten
8 zerdrückte Knoblauchzehen
120 g Sultaninen
120 g blanchierte Mandeln
1 - 2 TL Harissa
2 EL dunkler, flüssiger Honig
1 mittlerer Butternusskürbis
Salz und Pfeffer
½ Bund frischer Koriander
1 Zitrone

Zubereitung

Den Kürbis längs halbieren, entkernen und in Scheiben schneiden.

Öl und Butter im Tajine erhitzen und die Schalotten mit dem Knoblauch goldbraun andünsten. Sultaninen und Mandeln zugeben, dann Harissa mit dem Honig unterrühren.

Den Kürbis zugeben und rühren, bis er mit dem Öl überzogen ist. Wasser zugießen, dass der Boden bedeckt ist. 15 - 20 min sanft garen. Je nach Geschmack würzen, mit Koriander bestreuen und mit geviertelter Zitrone garnieren.

Pilz- und Kartoffel-Tajine

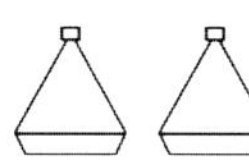

Für 4 Personen

Zutaten

20 g getrocknete Steinpilze
100 ml Wasser
1 EL Olivenöl
1 Zwiebel, grob gehackt
4 Strauchtomaten, in Würfel schneiden
600 g Kartoffeln, in Würfel schneiden
2 Pfirsiche, in Würfel schneiden
400 g Champignons, in Scheiben schneiden
1 kleine Stange Lauch, in feinen Scheiben
Salz, Pfeffer, Muskat
2 TL Majoran
200 g saure Sahne
2 - 3 Knoblauchzehen
100 g Käse (Bergkäse oder nach Geschmack)

Zubereitung

Öl mit den Gewürzen anrühren, Zwiebel und Knoblauch etwas anbraten lassen, dann die Zutaten im Tajine vorbereiten, so dass sie die Gewürze aufnehmen und 25 - 30 min garen. Sahne und Käse gegen Ende beigeben. Dazu Fladenbrot reichen.

TexMex-Tajine

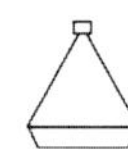

Für 2 Personen

Zutaten

800 g Kartoffeln
2 grüne Paprika
2 Tomaten
2 Zwiebeln
200 g Mais
4 Eier
2 TL Petersilie
Salz, Pfeffer, Chili

Zubereitung

Die Zwiebeln und Tomaten in Scheiben schneiden, die Kartoffeln würfeln und die Paprika in Streifen schneiden. Mit den Gewürzen bestreuen und alles in den Tajine legen. Den Mais darüber schichten. Etwas Wasser hinzufügen. Bei mittlerer Hitze garen, bis Kartoffeln weich sind.
Eier, Gewürze und Petersilie verrühren und kurz vor Ende der Garzeit über den Inhalt gießen.

Wer es nicht so vegetarisch möchte, kann dem Ei natürlich Schinkenwürfel beigeben.

Auberginen-Tajine

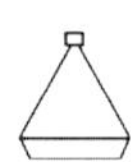

Für 2 - 3 Personen

Zutaten

250 g Aubergine
250 g Zucchini
500 g Tomaten
2 Paprika
4 Zwiebeln
3 Knoblauchzehen, gehackt
15 Blatt Basilikum, gezupft
3 EL Olivenöl
Pfeffer, Salz
mögliche Beigaben: Sahne, geriebener Käse, schwarze Oliven

Zubereitung

Die Aubergine in Scheiben schneiden, Zucchini längs vierteln und längliche Stücke vorbereiten. Tomaten in Scheiben, Paprika in breite Streifen schneiden.
Die Zwiebeln anbraten und die Hälfte der Tomaten zugeben. Das Gemüse mit den restlichen Tomaten mischen und aufschichten.
Würzen, mit Basilikum bestreuen und ca. 25 min garen.
Kurz vor Ende können die optionalen Zutaten beigefügt werden.

Fleisch

Tajine mit Fleisch
Für 2 Personen

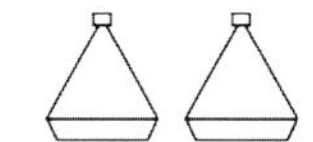

Zutaten
½ kg Fleisch (Lamm, Kamel oder Ziege*)
25 ml Olivenöl und 25 ml Sonnenblumenöl
½ TL Salz
3 bis 4 Knoblauchzehen (geschnitten oder gerieben)
je 1 TL Paprika, Schwarzer Pfeffer und Kreuzkümmel
1 große Tomate
1 große Zwiebel
2 mittlere weiße Rüben
3 mittlere Karotten
100 g Erbsen
1 Zucchini
2 große Kartoffeln
2 TL Petersilie
* für die europäische Küche kann natürlich auch Schwein oder Rind verwendet werden, wenn gerade kein Kamel zur Hand ist ...

Zubereitung
Man schält Tomaten und Zwiebeln kreuzweise und Kartoffeln, Karotten, Rüben und Zucchini längs. (Die Samen der Tomaten und Zucchini können dabei entfernt werden.)
Als nächstes stellt man das Unterteil des Tajine auf den Holzkohleofen (oder Herd), damit es sich erwärmt. (1/2)
Man fügt Oliven- und Sonnenblumenöl hinzu, sowie Salz. Wenn das Öl sich erwärmt hat, legt man das Fleisch gleichmäßig auf dem Boden des Tajine aus (3) und schließt den Deckel. Nach 15 Minuten, während derer man es einige Male wenden sollte, wird Knoblauch, Kreuzkümmel, Paprika, Schwarzer Pfeffer und Petersilie hinzugefügt. (4) Zwiebeln werden auf dem Fleisch verteilt. (5)
Nach weiteren 5 Minuten werden die restlichen Gemüse in Form eines Kegels rings um das Fleisch hinzugefügt. (6/7) Auf dessen Spitze bzw. auf das Fleisch in der Mitte kommen die Tomaten und Erbsen. (8) Dann fügt man weitere Gewürze und Petersilie hinzu und lässt es für 1 bis 1 ½ Stunden auf kleiner Flamme kochen. Das Fleisch sollte gegen Ende dieser Zeit mit einem Messer geprüft werden, ob es weich ist.

1

2

3

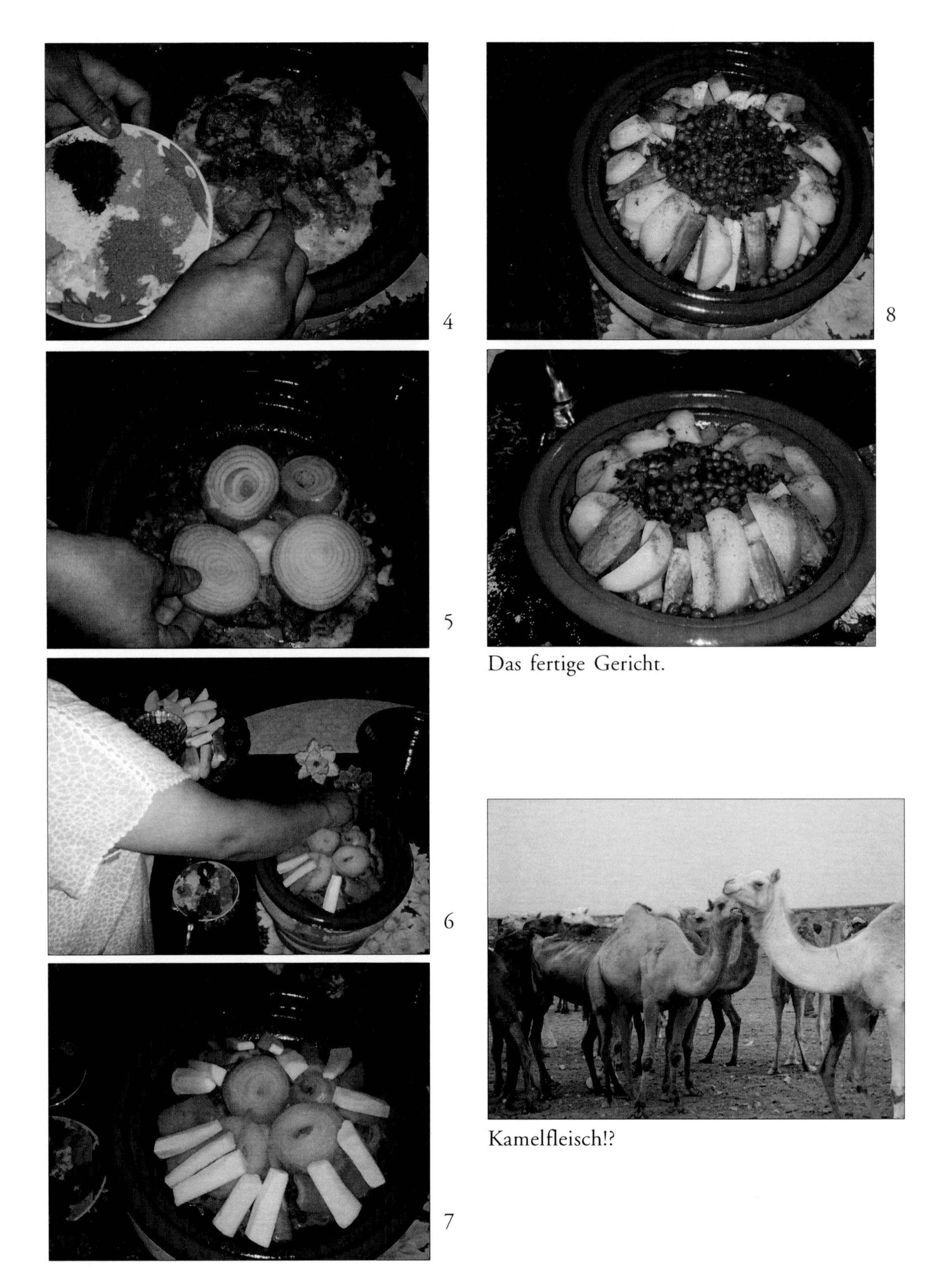
4
5
6
7
8

Das fertige Gericht.

Kamelfleisch!?

Paprikafleisch

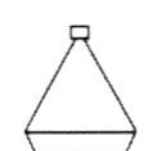

Für 1 - 2 Personen

Zutaten
1 Zwiebel
250 g Schweinefleisch
3 Knoblauchzehen
1 rote Paprika

Zubereitung
Etwas Olivenöl in den Tajine geben. Die in Scheiben geschnittene Zwiebel auf dem Boden auslegen. Gewürfeltes Schweinefleisch mit Salz, Pfeffer, Paprika, Chiliflocken und ev. einer Mexiko-Gewürzmischung würzen und in den Tajine geben.
Die gehackten Knoblauchzehen unter das Fleisch mischen.
In Streifen geschnittene Paprika oben auflegen.
Etwa 40 min garen lassen.
Reis oder auch ein Baguette passen gut dazu, wenn kein Fladenbrot da ist.

Ein Trick:

Bei kleineren Tajines kann es vorkommen, dass während des Garprozesses so viel Flüssigkeit entsteht, dass diese unter dem Deckel hervor überkocht. Diese kann leicht mit einigen Küchentüchern abgesaugt werden, ohne dass der Deckel angehoben werden muss.

Tajine mit Mairübchen

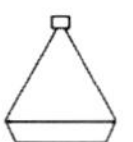

Für 1 - 2 Personen

Zutaten
3 mittlere Kartoffeln
1 Zwiebel
2 Knoblauchzehen
1 Mairübchen (weiße Rübe)
1 Tomate
1 Möhre
200 g mageres Schweinefleisch
1 Prise Harissa

Zubereitung
Olivenöl im Tajine anwärmen. Kartoffeln und Zwiebel in Scheiben schneiden. Die Zwiebel auf dem Boden verteilen, die Knoblauchzehen in kleine Stückchen schneiden. Mairübchen putzen und in Scheiben schneiden. Ebenso die Tomate in dicke Scheiben schneiden. Die Möhre in Scheiben schneiden. Das Schweinefleisch in mundgerechte Stücken schneiden. Mit Salz, Pfeffer und etwas Paprika bestreuen. Fleisch und Knoblauch gemischt in den Tajine stapeln. Darüber werden die Möhrenscheiben verteilt. Der Berg wird mit Kartoffelscheiben abgedeckt, bis alles bedeckt ist. Darauf kommen einige Scheiben des Mairübchens. Nun wird der Tajine vorerst verschlossen. (Sollten einige Scheiben übrig bleiben, lassen diese sich auch gut roh verzehren.)
Nach etwa 40 min werden die Tomaten aufgelegt (siehe Bild).

Lamm-Tajine mit Quitten
Für 6 Personen

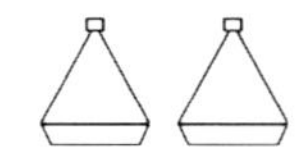

Zutaten
1 kg Lammschulter
2 Zwiebeln
Pfeffer
½ TL milder Paprika
1 Bd. Koriander
¼ TL Safran
½ TL Ingwerpulver
500 g Quitten
60 g Butter
1 Pack. Backpflaumen

Zubereitung
Das Fleisch in ca. 2 cm große Stücke schneiden, die Zwiebel würfeln, den Koriander fein hacken. Die Quitten werden geschält und halbiert, dabei das Kerngehäuse entfernen.
Die Backpflaumen einweichen.
Fleisch und Zwiebel gemischt in den Tajine geben. Nach Geschmack mit Pfeffer und Paprika würzen. Darüber den Koriander, mit Safran und Ingwer gemischt verteilen. Etwa 1 Stunde garen lassen, bei Bedarf etwas Wasser zugeben. Die Quitten mit etwas Zwiebel und Butter anbraten und zusammen mit den Backpflaumen nach der Hälfte der Zeit hinzufügen.

Lamm-Tajine mit Datteln
Für 4 Personen

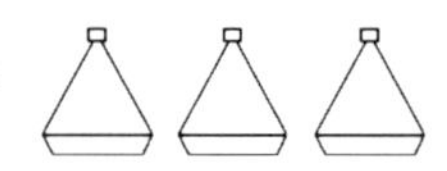

Zutaten
2 - 3 EL Ghee (geklärte Butter) oder Olivenöl mit 1 TL Butter
2 Zwiebeln
1 - 2 TL Kurkuma (gemahlen)
1 TL Ingwer (gemahlen)
2 Zimt (gemahlen)
1 kg mageres Kammfleisch
250 g weiche, entkernte Datteln
1 EL dunkler, flüssiger Honig
Salz und Pfeffer
1 EL Olivenöl
1 Stück Butter (nussgroß)
2 - 3 EL blanchierte Mandeln
2 EL geschälte Pistazien
1/2 Bund Petersilie

Zubereitung
Ghee (auch: samneh oder somen) kann man im Spezialgeschäft kaufen oder einfach selbst herstellen: Butter zerlassen und köcheln, bis alles Wasser verdampft ist. Dabei kann die Butter leicht gesalzen werden
Die Zwiebeln werden mit dem Ghee im Tajine goldbraun angedünstet. Kurkuma, Ingwer und Zimt werden eingerührt. Danach wird das Fleisch zugegeben und in der Mischung gewälzt. Wasser zugießen und 1 ½ Stunden köcheln lassen.
Datteln und Honig zugeben. Weitere 30 min köcheln lassen. Mit Salz und Pfeffer abschmecken.
In einem separaten Topf Olivenöl und etwas Butter erhitzen und Mandeln und Pistazien goldbraun rösten. Dann über die Fleischmischung geben und mit Petersilie bestreuen.
Am besten mit Couscous oder Reis servieren.

Rindfleisch-Tajine (1)
Für 4 - 6 Personen

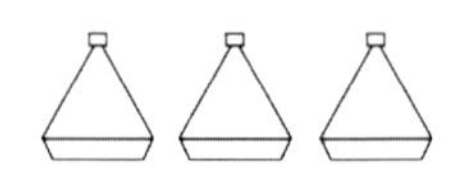

Zutaten
1 - 2 EL Ghee oder Olivenöl
3 - 4 Knoblauchzehen
1 rote Zwiebel
40 g frischer Ingwer
1 rote Chilischote
2 TL Koriander
2 Zimtstangen
3 - 4 Rote Bete
500 g mageres Rindfleisch
2 Orangen mit dünner Schale
1 EL dunkler, flüssiger Honig
1 - 2 EL Orangenblütenwasser
Salz und Pfeffer

1 TL Butter
2 - 3 EL geschälte Pistazien
½ Bund Petersilie

Zubereitung
Ghee oder Öl mit Knoblauch, Zwiebel und Ingwer (alles zerhackt) im Tajine anbräunen. Chili in Ringe geschnitten und entkernt, zermahlenen Koriander und Zimtstangen zugeben. Die Rote Bete zugeben und 2 - 3 min andünsten lassen. Rindfleisch zugeben und anbraten. Etwas Wasser zugeben. Etwa 1 Stunde köcheln lassen, bis das Fleisch zart ist.
Pistazienkerne separat in Butter rösten, dann mit der Petersilie zur Garnierung über das Gericht streuen und servieren.

Eingelegte Zitronen

Eingelegte Zitronen braucht man für einige Gerichte der marokkanischen Küche. Sie werden wie folgt vorbereitet: Man nimmt am besten unbehandelte Biozitronen dafür. Deckel und Boden der Zitronen abschneiden und dann zweimal längs einschneiden. 1 TL grobes Salz in die Spalten füllen und die Zitronen dicht in ein Einweckglas legen. 3 - 4 Tage kühl lagern, bis die Schale weich geworden ist. Dann die Zitronen noch enger zusammendrücken und den Saft von 3 - 4 Zitronen darüber gießen. Nun mindestens einen Monat ziehen lassen. Vor Gebrauch das Salz abspülen.

Lamm mit Pflaumen
Für 2 - 3 Personen

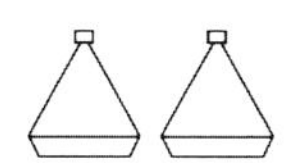

Zutaten
1,2 kg Schulterstück vom Lamm
400 g Pflaumen
100 g geschälte Mandeln
2 große Zwiebeln
1 Zimtstange
1 TL Zimtpuder
3 EL Honig
1 TL Kurkuma
3 EL Öl
1 TL Pfeffer
Salz

Zubereitung
Die Lammschulter in Stückchen schneiden. Zwiebeln in Ringe schneiden. Das Öl in den Tajine geben und die Zwiebeln unter Rühren ca. 3 Minuten anbräunen.
Das Fleisch auf die Zwiebeln schichten und die Zimtstange hinzufügen, ebenso Kurkuma und Pfeffer, etwa 40 cl Wasser zugeben. Auf kleiner Flamme ca. 1 Stunde köcheln lassen, dann salzen und pfeffern. Die Pflaumen waschen und auf das Fleisch legen. 30 Minuten weiter kochen lassen.
Honig mit Zimtpuder vermischen und die Mischung über das Kochgut geben und weitere 15 min garen.
Nun Öl in einer Pfanne erhitzen und die Mandeln einige Minuten bei starker Hitze anbräunen. Nun Mandeln überstreuen und mit der Tajine servieren.

Kaninchen-Tajine
Für 2 Personen

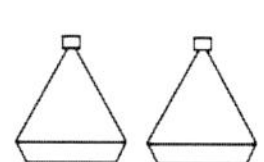

Zutaten
1 zerlegtes Kaninchen
1 Zitrone
4 Zwiebeln
4 Knoblauchzehen
50 g Butter
Salz
½ TL frischer, geriebener Ingwer
½ TL Kreuzkümmel
Zimtstange
2 g Safran
1 Bund Petersilie
1 Bund Koriander
Geflügelfond

Zubereitung
Die Zwiebeln klein schneiden, den Knoblauch zerdrücken. Petersilie und Koriander hacken. Butter im Tajine schmelzen, Kaninchenstücke darin anbraten. Wenn sie goldbraun sind, Zwiebeln zufügen und ebenfalls anbräunen. (Leber beiseite legen.) Kümmel, Zimt, Safran, Knoblauch und 300 ml Geflügelfond hinzufügen. Nun salzen. Alles nochmals durchmischen und 30 min kochen bei mittlerer Hitze. Falls zu wenig Flüssigkeit enthalten ist, nochmals ca. 200 ml Fond zugießen. Saft einer halben Zitrone, Petersilie und Koriander nun dazu geben. Zum Schluss die Leber zugeben und nochmals 10 min garen. Mit Couscous servieren.

Lamm mit Mandeln
Für 4 bis 6 Personen

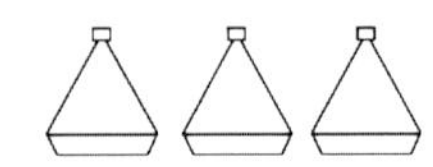

Zutaten
1,5 kg Lamm (Schulter oder Rücken)
6 EL Ghee oder Olivenöl
Gemüsezwiebeln, fein gehackt
1 Zimtstange
1 TL gemahlener Ingwer
½ Teelöffel Safranpulver
Salz, frisch gemahlener schwarzer Pfeffer
1 ½ kg Fleischtomaten, enthäutet, entkernt und gewürfelt
2 EL Tomatenmark
4 EL Honig
1 TL gemahlener Zimt
250 g Mandeln, abgezogen und in Butter geröstet

Zubereitung
Das Fleisch in Stücke schneiden (2 Stücke pro Person). Ghee oder Olivenöl, Zwiebeln, Knoblauch, Zimt, Ingwer und Safran in einen Tajine geben. Salzen und pfeffern. Die beim Würfeln der Tomaten austretende Flüssigkeit mit dem Tomatenmark verrühren, ebenfalls zugeben und so viel Wasser angießen, dass das Fleisch gerade bedeckt ist. Bei schwacher Hitze ca. eine Stunde oder 75 min kochen, bis das Fleisch weich ist, dabei kann man es gelegentlich wenden. Das Fleisch aus dem Tajine nehmen und beiseite stellen. Die Zimtstange entfernen. Die gewürfelten Tomaten in den Sud geben und bei starker Hitze unter ständigem Rühren so lange kochen, bis jegliches Wasser verdampft und nur Öl und Tomatenpüree übrig geblieben sind. Nun Honig und Zimt zugeben und noch ein paar Minuten weiter kochen. Das Lammfleisch in der sämigen Sauce wieder erhitzen, dabei wenden, bis alle Stücke damit überzogen sind. Auf einer vorgewärmten Platte oder im Tajine anrichten, mit gerösteten Mandeln bestreuen und sofort servieren

Friesentajine
Für 2 Personen

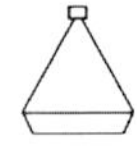

Zutaten
2 Schalotten
1 EL Olivenöl
300 g Lammfleisch
4 Kartoffeln
250 g grüne Bohnen
1 Stängel Bohnenkraut oder
2 TL Kräuter der Provence
1 EL Petersilie
2 Knoblauchzehen
150 ml Brühe
1 Lorbeerblatt
Pfeffer

Zubereitung
Olivenöl langsam im Tajine erhitzen.
Lammfleisch würfeln, Schalotten grob hacken und bei hoher Hitze anbraten. Kartoffeln mit den Bohnen, dem Lorbeerblatt, den Kräutern, dem Knoblauch mischen und in den Tajine schichten.
Mit Pfeffer bestreuen, Brühe darüber gießen und bei mittlerer Hitze 60 - 90 Minuten garen.
(Warum das Friesentajine heißt, wissen wir auch nicht. Es ist kein Tee dabei.)

Tipp:
Lamm oder gar Hammel ist freilich nicht jedermanns europäischem Geschmack. Unser Tipp: Nehmen Sie einfach etwas anderes! Mageres Schweinefleisch lässt sich sehr gut als Ersatz verwenden.

Supermarkt-Tajine
Für 1 - 2 Personen

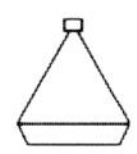

Zutaten
1 Zwiebel
1 Möhre
1 Tomate
1 rote und grüne Paprika
1 Packung Gyrosfleisch
1 EL Olivenöl

Zubereitung
Plötzlich Lust auf einen Tajine? Die Zutaten kann man sich auch im nächsten Supermarkt holen, während der Boden gewässert wird.

Die in Scheiben geschnittene Zwiebel wird ein wenig angebraten, dann legt man die Möhrenscheiben darauf und auf diese das fertig vorgewürzte Gyrosfleisch. Dieses garniert man mit den in dünne Streifen geschnittenen Paprika und zuletzt mit den Tomaten. Diese sollte man ev. erst kurz vor Ende der Garzeit hinzufügen. Nach 30 - 40 min sollte alles schön durch sein.

Rindfleisch-Tajine (2)

Für 6 Personen

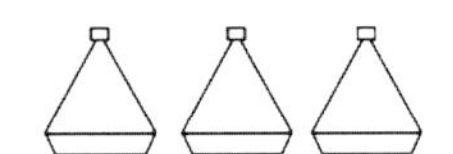

Zutaten

1 kg Rindfleisch (aus der Schulter)
5 Pimentkörner
3 Nelken
3 Wacholderbeeren
4 EL Olivenöl
1 TL gemahlener Zimt
1 TL gemahlener Kreuzkümmel
1 TL Cayennepfeffer
Salz
Pfeffer
250 ml Rinderfond
400 g Süßkartoffeln
150 g Datteln
150 g blaue Weintrauben
300 g rote Zwiebeln
1 Dose Kichererbsen
6 Stiele Koriandergrün.

Zubereitung

Fleisch in 4 cm große Stücke schneiden. Piment, Nelken, Wacholder in einem Mörser fein mahlen, mit Öl, Zimt, Kreuzkümmel und Cayenne mischen. Fleisch gründlich damit vermengen, über Nacht kalt stellen.
Am nächsten Tag das Fleisch kräftig mit Salz und Pfeffer würzen. Fleisch und Fond in einen Tajine geben und 1 Stunde schmoren.
Inzwischen die Süßkartoffeln schälen und in 1 cm große Würfel schneiden. Datteln entkernen und vierteln. Trauben halbieren und entkernen. Zwiebeln längs halbieren und in Streifen schneiden. Süßkartoffeln in den Tajine geben, weitere 30 Minuten garen. Datteln und Zwiebeln hinzufügen und weitere 10 min garen.
Kichererbsen in einem Sieb abtropfen lassen, mit den Trauben in den Tajine geben, weitere 5 Minuten garen. Korianderblätter abzupfen. Tajine vom Ofen nehmen, mit Koriander bestreut servieren. Dazu geröstetes Fladenbrot mit etwas geriebener Limette.

Fleisch mit Mandeln und Eiern

Für 4 Personen

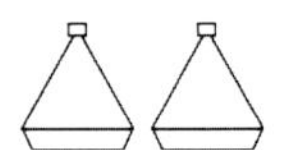

Zutaten

1,5 kg Rindfleisch
150 g Butter oder Olivenöl
1 TL Pfeffer
1 Prise Safran
2 Zwiebeln
1 Bund Koriander (oder Petersilie)
200 g geschälte Mandeln
6 Eier
Salz

Zubereitung

Das Fleisch waschen, trocken tupfen und in große Stücke schneiden. In einem Tagine die Butter zerlaufen lassen und das Fleisch kurz darin anbraten. Mit Pfeffer und Safran würzen und nach Geschmack salzen. Die geriebenen Zwiebel über das Fleisch streuen und ¾ des gehackten Korianders hinzufügen. Kurz dünsten. Die Mandeln über das Fleisch geben. Mit etwas Wasser ablöschen, zudecken und etwa 1 Stunde garen lassen, bis sich das Fleisch leicht mit den Fingern zerteilen lässt. Dabei den Tagine gelegentlich etwas schütteln. (Vorsicht!) Wenn nötig, weiteres Wasser zugeben. Währenddessen die Eier hart kochen, schälen und halbieren. Kurz vor dem Servieren den restlichen Koriander über das Fleisch geben und die Sauce einkochen, bis sie sämig ist. Zum Servieren die Eierhälften rund um das Fleisch legen.

> Noch Platz im Tajine? Experimentieren Sie ruhig ein wenig. Oliven – auch aus der Dose – kann man oft zugeben. (Besser keine gefüllten nehmen.) Eine in Scheiben geschnittene Kartoffel füllt den Topf und nimmt die Geschmacksstoffe auf.

Fisch

Fisch-Tajine mit Möhren und Oliven
Für 2 - 3 Personen

Zutaten
2 TL Paprika
2 TL Kreuzkümmel
2 TL weißer Pfeffer
1 ½ große Löffel Petersilie
6 Knoblauchzehen (geschnitten oder gerieben)
1 kg Weißfisch
100 g rote Oliven
50 ml Olivenöl
50 ml Sonnenblumenöl
½ kg Möhren, in Scheiben geschnitten
je 1 Tomate, Zitrone

Zubereitung
Zuerst wird der Tajine mit dem Öl langsam erwärmt. Nach etwa 10 min geben wir die Möhren dazu. (2) Dann wird der mit einer Mixtur aus Gewürzen marinierte Fisch hinein gegeben. (4) Für 30 min kochen lassen.
Zur Garnierung geben wir dann die Tomaten (5) und einige Zitronenscheiben hinzu, dann etwas Petersilie und Kreuzkümmel, sowie Oliven. (6/7) Ein Glas Wasser zugeben und alles für etwa 1 Stunde köcheln lassen.

Der Fisch wird wie folgt vorbereitet:
Eine Mischung aus allen Gewürzen, Knoblauch und Petersilie, 50 ml Olivenöl und dem Saft einer halben Zitrone wird hergestellt. Der Fisch wird damit eingestrichen (3) und für mindestens eine halbe Stunde im Kühlschrank mariniert.

Als Beilage eignet sich Fladenbrot, ein Gemüsesalat und Honigmelone.

1

2

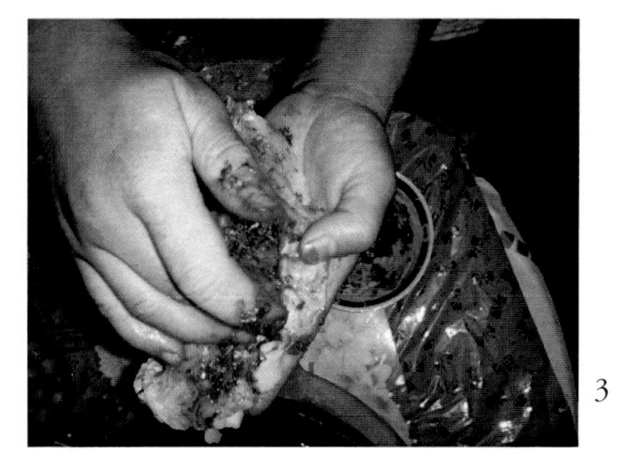

3

4

5

6

7

8

Meerbrasse mit Fenchel und Sellerie
Für 4 Personen

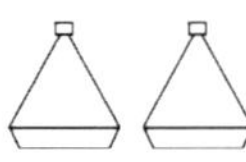

Zutaten
4 kleine Brassen (oder ähnlicher Fisch)
2 Zwiebeln
1 Knoblauchzehe
1 Staudenselleriestängel
4 Fenchelknollen
1 EL Koriander
4 EL Olivenöl
Saft einer Zitrone
2 Sternanis
Salz und Pfeffer

Zubereitung
Zwiebeln und Knoblauch kleinhacken. Sellerie putzen und in Stücke schneiden. Fenchel waschen und der Länge nach halbieren. Koriander im Mörser zerstoßen.
Die Zwiebeln und der Knoblauch werden zunächst 10 min in Öl angeschwitzt, dann wird der Fenchel, anschließend der Sellerie und schließlich der Fisch aufgeschichtet. Dieser wird mit Zitrone beträufelt und mit Koriander bestreut. Salz und Pfeffer und den Sternanis zugeben. Bei Bedarf etwas Wasser zugeben und mindestens 25 min garen lassen.
Statt Koriander kann man auch Petersilie benutzen.

Seebarsch mit Erbsen
Für 4 Personen

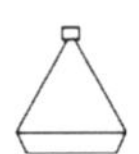

Zutaten
4 Scheiben Seebarsch
400 g Erbsen
2 Zwiebeln
1 Knoblauchzehe
1 TL Safranfäden
4 EL Olivenöl
1 Zimtstange
Salz und Pfeffer

Zubereitung
Zwiebeln kleinhacken, den Knoblauch halbieren, die Safranfäden in 2 Esslöffel heißem Wasser auflösen.
Die Zwiebeln und den Knoblauch für 5 min in Öl anschwitzen. Safran und Zimt hinzugeben, verrühren und 3 min andünsten lassen. Erbsen hinzugeben und den Seebarsch darauf legen. Mit Salz und Pfeffer würzen. Etwas Wasser zugießen und etwa 25 min garen lassen.

Thunfisch-Tajine
Für 4 Personen

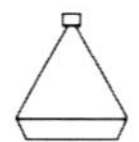

Zutaten
4 Scheiben Thunfisch
3 Zwiebeln
1 Blumenkohl
400 g grüne Bohnen
4 EL Olivenöl
1 EL Zimtpulver
1 EL Kreuzkümmel (gemahlen)
1 EL Ingwerpulver
1 EL Pfeffer (frisch gemahlen)
1 EL Paprikapulver
2 Gewürznelken
Salz

Zubereitung
Zwiebeln kleinhacken, den Blumenkohl in kleine Röschen zerteilen, die Bohnenenden abschneiden. Das Gemüse 2 min in kochendem Wasser blanchieren, abtropfen lassen und mit eiskaltem Wasser abschrecken.
Im Tajine die Zwiebeln in Öl anschwitzen und dann sämtliche Gewürze zugeben. Mit etwas Wasser auffüllen, zum Kochen bringen und 10 min einkochen lassen.
Thunfisch hinzugeben, salzen und 15 min garen. Anschließend Blumenkohl und Bohnen darüber schichten und weitere 15 min garen.
Als Beilage empfiehlt sich Wildreis.

Dorsch, Sellerie und Möhren
Für 2 - 3 Personen

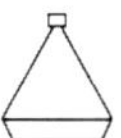

Zutaten
4 Stücke a 100 g Dorsch
½ Stangensellerie
2 Möhren
3 Tomaten
1 Tasse Weißwein
Ingwer
Zitronengras
Zitronensaft
Zwiebel
Öl

Zubereitung
Gehackte Zwiebel in etwas Öl leicht anbraten. Die klein geschnittenen Möhren, Stangensellerie, Tomaten, klein gehackten Ingwer, in ganz dünne Scheibchen geschnittenes Zitronengras und etwas Zitronensaft in den Tajine schichten. Mit 1 Tasse Weißwein aufgießen. Auf kleiner Flamme garen. Nach 20 min den Dorsch darauf geben und nochmals 25 min garen. Währenddessen immer wieder den Wasserstand kontrollieren und gegebenenfalls etwas Weißwein nachfüllen. Mit Fladenbrot servieren!

Fisch und Mandeln
Für 2 - 3 Personen

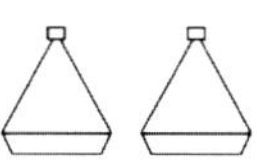

Zutaten
800 g Fischfilet
1 große Dose Tomaten
450 g Blattspinat
2 Zitronen
1 EL Paprika
1 Tl Kurkuma
1 TL Kreuzkümmel
4 Knoblauchzehen
1 Bund frischer Koriander
0,15 l Olivenöl
Salz, Pfeffer
150 g Mandeln

Zubereitung
Knoblauch schälen und im heißen Olivenöl anbraten. Gewürze zugeben und unter Rühren kurz mitbraten. Tomaten und 0,15 l Wasser zugeben und ca. 15 min köcheln lassen. Zitronen vierteln und zusammen mit den Fischstücken und dem Blattspinat vorsichtig unter die Tomatensauce heben. Tajine zudecken und für 20 min schmoren lassen. Sauce abschmecken und mit den Mandeln und dem gehackten Koriander bestreuen.
Dazu Couscous oder Fladenbrot servieren.

Zander auf Spinat

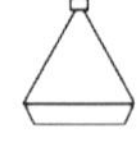

Für 4 Personen

Zutaten
450 g Blattspinat (auch tiefgefroren)
600 g Zanderfilet
2 Knoblauchzehen
Olivenöl
1 Zitrone
Harissa
Pfeffer, Salz

Zubereitung
Blattspinat (wenn tiefgefroren) auftauen lassen. Zanderfilet waschen, trocken tupfen und in Würfel schneiden. Knoblauchzehen schälen und in kleine Würfel schneiden. Öl heiß werden lassen und den Knoblauch darin andünsten. Spinat zugeben und ca. 5 min dünsten.
Den Zander darauf verteilen. Mit etwas Harissa würzen. 1 unbehandelte Zitrone heiß abwaschen, mit einem Messer schälen, dabei die weiße Haut entfernen, in Scheiben schneiden und auf dem Zander verteilen. 25 - 30 min schmoren lassen.
Dazu passt ein Baguette oder Reis.

Tajine mit Tintenfisch

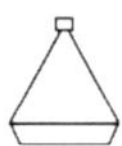

Zutaten
500 g Tintenfisch
500 g Mangold oder Spinat
1 Zwiebel
1 Knoblauchzehe
2 Stück Sellerie
1 getrocknete Chilischote
1 EL Olivenöl
2 Tomaten
2 - 3 EL Petersilie

Zubereitung
Tintenfisch in Ringe schneiden, falls nicht so vorbereitet. Spinat oder Mangold in Streifen schneiden, falls frischer. Die Zwiebel fein würfeln und den Knoblauch hacken. Sellerie fein schneiden, die Chilischote zerbröseln. (Natürlich geht auch ein handelsübliches Chiliflockengewürz.) Die Tomaten schälen und achteln.
Zwiebeln, Knoblauch und Petersilie mit dem Chili in Öl andünsten. Spinat, Tintenfischringe und Tomaten hinzufügen, würzen und ca. 30 min schmoren lassen.

Huhn

Tajine mit Huhn, Möhren und Backpflaumen

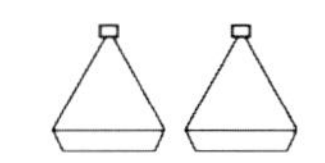

Zutaten
ein wenig Safran
ein kleiner Löffel Pfeffer
½ EL Salz
50 ml Olivenöl
2 Zwiebeln, in kleine Stücke geschnitten
3 bis 4 Knoblauchzehen (gehackt)
½ Hühnchen
½ Möhre
100 g rote Oliven
½ Zitrone
ein kleiner Löffel Petersilie
150 g Backpflaumen
1 in Scheiben geschnittene Tomate

Wie man die Backpflaumen vorbereitet:
In einem Gefäß werden die Backpflaumen zunächst in Wasser aufgekocht. Dann werden sie aus dem Wasser genommen und in ein anderes Gefäß gegeben. Zusammen mit etwas Zucker, Butter und ein wenig Zimt werden sie unter Rühren erhitzt, bis sie weich sind. (1)
Zutaten hierfür:
20 g Zucker
20 g Butter
20 g Zimt

Zubereitung
Zuerst wird Olivenöl in den Tajine gegeben. Wir legen die Stücken Hühnerfleisch hinein (2) und lassen sie 10 Minuten anbraten. Dann geben wir die Gewürze und den gehackten Knoblauch hinzu. (3/4) Ebenso etwas Zwiebel. Je nach Größe des Hühnerfleisches so lange kochen, bis es etwa halb durch erscheint. Danach wird der Rest der Zwiebeln hinzugefügt (6/7) und es wird für weitere 15 Minuten gekocht. Zur Garnierung geben wir dann Tomatenscheiben (8) und einen Löffel Petersilie hinzu, anschließend folgen die Backpflaumen (9), etwas Pfeffer und ein Glas Wasser. Jetzt muss es noch etwa 1 Stunde lang kochen, bis das Fleisch vollständig durch ist. (10)

1

2

Huhn mit Oliven
Für 4 Personen

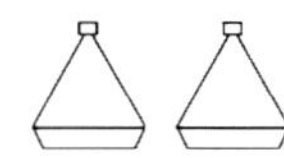

Zutaten
8 - 10 Hähnchenschenkel oder 4 Keulen
1 EL Olivenöl und 1 Nuss Butter
2 eingelegte Zitronen
175 g grüne Oliven
1 - 2 TL getrockneter Thymian oder Oregano
Marinade:
1 geriebene Zwiebel
3 zerdrückte Knoblauchzehen
25 g frischer Ingwer, geschält und gerieben
½ Bund frischer Koriander, fein zerhackt
1 Prise Safranfäden
Saft einer Zitrone
1 TL Meersalz
3 - 4 EL Olivenöl
Salz und Pfeffer

Zubereitung
In einer Schüssel wird die Marinade vorbereitet. Die Hähnchenschenkel werden hineingegeben und 1 - 2 Stunden im Kühlschrank darin stehen gelassen.
Olivenöl und Butter in den Tajine geben und das Fleisch darin anbraten. Die restliche Marinade darüber gießen und mit Wasser auffüllen. Etwa 45 min köcheln lassen, dabei die Hähnchenschenkel gelegentlich wenden.
Die Zitrone in Streifen geschnitten und die Hälfte des Thymians dazu geben und weitere 15 - 20 min garen. Eventuell nachwürzen und vor dem Servieren den Rest des Thymians darüber streuen.

Hähnchen mit Honig und Datteln
Für 2 Personen

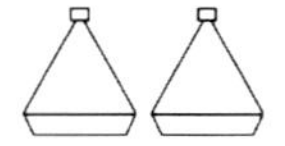

Zutaten
1 Hähnchen
2 Zwiebeln
3 Knoblauchzehen
150 g Mandeln
250 g Datteln
250 ml Gemüsebrühe
4 EL Öl
3 EL Honig
6 Stängel Koriander
1 TL geriebener Ingwer
1 TL Zimtpulver
1 Msp. Safran
Salz
Pfeffer

Zubereitung
Die Hähnchenstücke und die klein gehackte Zwiebel mit dem Öl anbraten. Das Fleisch mit den Gewürzen bestreuen, salzen und pfeffern und für ca. 1 Minute rühren. Dann den Honig hinzufügen und ihn gut mit dem gesamten Fleisch vermischen. Die Mandeln in einer Pfanne anbräunen und dann in den Tajine geben. Die Datteln, den klein gehackten Koriander und die zerdrückten Knoblauchzehen hinzufügen und alles ca. 30 min kochen lassen. Heiß mit Couscous oder Reis servieren.

Hähnchen mit getrockneten Aprikosen
Für 1 - 2 Personen

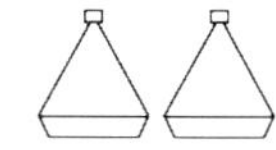

Zutaten
1 zerlegtes Hähnchen
150 g getrocknete Aprikosen
½ unbehandelte Zitrone
2 Zwiebeln
4 EL Erdnussöl
½ TL geriebener Ingwer
½ TL Zimtpulver
4 Stängel Koriander
200 ml Geflügelbrühe
Salz
Pfeffer

Zubereitung:
Die getrockneten Aprikosen in einer Schüssel mit lauwarmen Wasser einweichen. Die gesalzenen und gepfefferten Hähnchenteile und die

klein gehackte Zwiebel mit etwas Öl anbraten. Mit Zimt und Ingwer bestreuen und vermischen. Die gut abgetropften Aprikosen, die fein geschnittene Zitrone, den Koriander und die Geflügelbouillon hinzufügen. 15 min kochen lassen. Den Deckel vom Topf nehmen und ca. 5 min weiterkochen, bis fast keine Flüssigkeit mehr vorhanden ist. Heiß auf Tellern servieren. Fladenbrot oder Reis dazu.

Hähnchen auf Jägerart

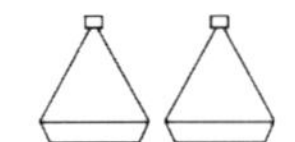

Für 2 - 3 Personen

Zutaten
2 Hähnchen
24 gekochte Esskastanien aus der Konserve
200 g Champignons
2 TL Kalbsfond in Pulverform
4 TL Preiselbeergelee
1 EL Weinessig
Salz
Pfeffer
2 EL Butter

Zubereitung
Hähnchen salzen und pfeffern und in den Tajine geben. 30 min braten lassen und dabei zweimal wenden. Kastanien zufügen und 10 min weiter braten. Butter in eine Pfanne geben und die klein geschnittenen Champignons darin anbraten. Pilze dem Tajine zufügen und weitere 15 min braten lassen.
Gleichzeitig 100 ml Wasser mit Kalbsbrühe anrühren und aufkochen lassen. Essig und Preiselbeergelee zufügen und gut umrühren und mit dem Hähnchen und den Kastanien servieren.

Putentajine

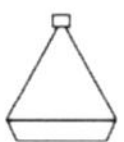

Für 1 - 2 Personen

Zutaten
Putenschnitzel (500 g)
2 Kartoffeln
2 Möhren
1 Tomatenscheiben
1 Paprika
1 Tomate
2 Knoblauchzehen
1 Zwiebel
Salz, Pfeffer, Paprika, Harissa, Kreuzkümmel und Curry

Zubereitung
Die Putenschnitzel in kleine Stücke zerschneiden. Salzen und pfeffern, mit etwas Paprika, Safran, Harissa, Curry und Kreuzkümmel untermengen und ziehen lassen.
Kartoffeln in Scheiben schneiden, Zwiebel und Knoblauch in kleine Stücke hacken. Möhren putzen und in kleine Scheiben schneiden.
Olivenöl in den Tajine geben und mit dem Erwärmen beginnen. Zuerst die Zwiebeln und den Knoblauch anbraten. Dann das Fleisch mit der Zwiebel und dem Knoblauch mischen und aufstapeln. Nach ca. 10 min die Kartoffeln und Möhren darauf legen. Weitere 30 min schmoren lassen. Gegen Ende der Garzeit die Paprika in Streifen geschnitten dazu geben und 1 – 2 Tomatenscheiben oben drauf legen.

2 Tajines am See – ein Kochexperiment
Für 2 - 3 Personen

Zwiebeln und Knoblauch im Tajine.

Zutaten
2 große Zwiebeln
20 Knoblauchzehen
500 g Schweinegulasch
2 - 3 Kartoffeln
1 Rote Bete
2 Möhren
250 g Pilze (Champignons)
1 gelbe Paprikaschote
3 - 4 bunte Peperoni
Petersilie
ev. weitere Gewürze nach Geschmack

Verlauf/Zubereitung
Es wurde mit 2 größeren Tajines und Ersatz-Kanouns aus Metall über Holz gekocht. Die Bilder zeigen den Verlauf, bei dem ein Tajine mit Roter Bete und Möhren, ein anderer mit Pilzen angerichtet wurde.

Der Gulasch wird hinzugefügt. Hintere Variante mit viel Kartoffeln.

Die Zwiebeln in Scheiben schneiden und anbraten lassen. Die Knoblauchzehen je nach Geschmack dazugeben. Den vorgewürzten Gulasch dazugeben. 10 min schmoren lassen. Die Kartoffeln würfeln und etwas später hinzufügen. In der ersten Variante etwa doppelt soviel Kartoffeln wie in der zweiten. Dazu kommt in der ersten Variante die in Stücke geschnittene Rote Bete. Die Möhren in schmale Streifen schneiden. Im Tajine sternförmig anordnen.

Variante 2: Statt Rote Bete und Möhren jetzt die Pilze hinzufügen.
Auf beide Tajines die Peperoni geben, am Schluss die Petersilie zur Dekoration oben auf legen. Etwa 30 min schmoren lassen, bis die Kartoffeln weich und der Gulasch durch sind. Die erste könnte man Bauern-, die zweite Jägertajine nennen. Man sieht, den Eigenkreationen sind kaum Grenzen gesetzt.

Die Kartoffeln sind hinzugefügt.

Rote Bete in Variante 1.

Hinten mit Roter Bete und Möhren, vorn mit Pilzen. Dann beide mit Paprika.

Peperonis und Petersilie runden es ab.

Es kocht langsam vor sich hin.

Die beiden fertigen Tajines.

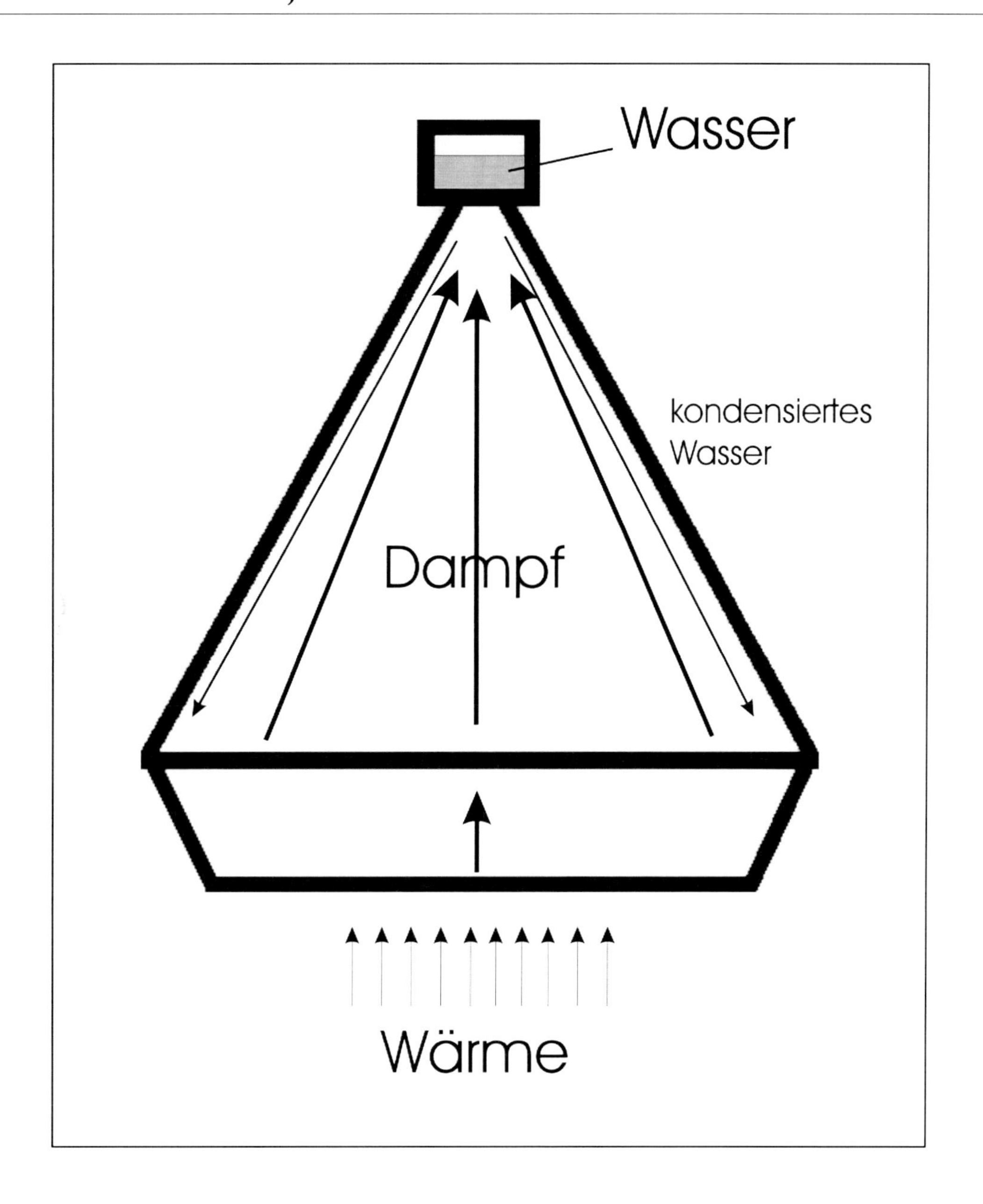

Abb. 39: Das Prinzip ist eigentlich ganz einfach: Der Dampf steigt im Tajine auf, kondensiert in der Spitze, die durch das Wasser im Deckel gekühlt wird, und gelangt wieder in den Kochvorgang. Alle Nährstoffe und Vitamine bleiben im Kreislauf, die benötigte Menge an Wasser ist minimal.

Impressionen aus Marokko

Landschaft bei Gouelmine.

Der Autor im traditionellen Chellaba mit seinem kleinen Freund Ali, den er als Säugling vor dem Fiebertod bewahrte.

Alis Bruder Bubakr.

Detlef und Samir Chahidi am Eingang zum Thermalbad in Abaynou.

Das Thermalbad mit der heißen Schwefelquelle (39°C) in Abaynou (s. S. 68).

Slemane, der beste Freund des Autors in Marokko.

Moussa, damals der Leiter des Campingplatzes in Abaynou, heute Besitzer des Cafés Tafroukte.

Auf dem Weg von Gouelmine zum Plage Blanche (Weisser Strand).

Der Legionärssee am Fort Bou-jerif.

Fort Bou-jerif aus der französischen Kolonialzeit.

Der Nachbau des Forts, heute der Campingplatz von Guy und Evy.

In Marokko am Meer bei Aglo.

Ein Berberzelt auf dem neuen Campingplatz in Abaynou.

Legionärssee bei Fort Bou-jerif – vorsicht Giftschlangen!

Auf dem Sukh, der jeden zweiten Samstag in Gouelmine stattfindet.

Aziz Bahi ist auf Touristen eingestellt.

Tradition und Moderne – Land und Stadt.

Hauptstraße in Sidi Ifni.

Der Autor untersucht essbare Kaktusfrüchte – wichtig zum Überleben in der Wüste.

Mirleft am Meer.

Palmen in den Gärten von Abaynou.

Staubecken von Abaynou.

Kamelmarkt in Gouelmine.

Sonnenuntergang nahe Fort Bou-jerif.

Literatur

Apel, Lydia (Hrsg.): Afrikanische Töpfertechniken – Beispiele aus Ghana und Marokko; Institut für Internationale Zusammenarbeit des Deutschen Volkshochschul-Verbandes e.V., Bonn 1994

Arnold, Volker: Vom Steinzeittopf zur Kunstkeramik – 5000 Jahre Töpferei an der Westküste; Westholsteinische Verlagsanstalt Boyens & Co., Heide in Holstein 1992

Ba°an, Ghillie: Tajine – Würzige Eintöpfe aus Marokko; Walter Hädecke Verlag, Weil der Stadt 2008

Behrens, Gustav: Vorgeschichtliche Tongefäße aus Deutschland; L. Wilckens, Mainz 1922

[1] Bundesverband Keramische Rohstoffe e.V. (BKR): Keramische Rohstoffe – Geschenke der Natur, Geschäftsbericht 2007/2008; Koblenz 2008

Danan-Bénady, Ghislaine: Tajines; Hachette Pratique, Paris 2007

Die Bibel; Daumüller Verlagsgesellschaft, 1964

Dreyfus, Isabelle: Tajine; Walter Hädecke Verlag, Weil der Stadt 2004

Drost, Dietrich: Töpferei in Afrika – Technologie; Akademie Verlag, Berlin 1967

Engelbrecht, Beate: Töpferinnen in Mexiko; Wepf & Co. AG Verlag, Basel 1987

Hölder, Prof. Oskar: Die römischen Thongefässe der Altertumssammlung in Rottweil; Verlag von W. Kohlhammer, Stuttgart 1889

Jump, Hernán J. Benitez: Traditionelle städtische und ländliche Töpfergesellschaften in Marokko; VASA-Verlag, Pondicherry – München 2002

[2] Landesregierung Rheinland-Pfalz (Hrsg.): Oberflächennahe Mineralische Rohstoffe in Rheinland-Pfalz; Mainz 2007

Mayen, Klaus-Dieter: Menschen unter Tage im Westerwälder Tonbergbau; Siershahn 1998

Notini, Anja: Europäische Töpferkunst – Handwerk mit Tradition; Umschau Verlag, Frankfurt/M. 1987

Pelka, Dr. Otto: Japanische Töpferkunst; Verlag Schmidt & Günther, Leipzig 1922

[3] RS Vital-Versand Ltd. & Co. KG; Firmenprospekt

Scheibler, Ingeborg: Griechische Töpferkunst; C. H. Beck, München 1983

Schetar, Daniela & Köthe, Friedrich: Marokko Westküste; DuMont Reiseverlag, Köln 2002

Schierenbeck, Silke: Ein Töpferort in Nordwest-Marokko aus Ethnoarchäologischer Perspektive; BAR International Series 1012, Oxford 2002

Trevor, Henry: Töpferkurs in Wort und Bild; Hörnemann Verlag, Bonn-Röttgen 1974

Villeroy & Boch: Dreitausend Jahre Töpferkunst – Ein Rundgang durch das Keramische Museum von Villeroy & Boch, Mettlach; 1937

Vossen, Rüdiger: Töpferei in Spanien; Hamburgisches Museum für Völkerkunde, Hamburg 1972

Vossen, Rüdiger & Ebert, Wilhelm: Marokkanische Töpferei; Dr. Rudolf Habelt GmbH, Bonn 1986

Walter, Jochen: Die Tajine – Marokkanisches Lehmkochgeschirr; Ali Baba Tajine Marokko-Importe, Ausnang im Allgäu (vermuteter Urheber, da Kopie ohne Angabe)

Wendl, Martin & Marschall, Detlef: Alte Thüringer Töpferkunst; Greifenverlag zu Rudolstadt, 1988

Wilson, Anne: Marokkanische Küche; Tandem Verlag GmbH, 2006

Bildquellen

Mit Wikipedia benannte Quellen wurden unter der GNU-Lizenz für freie Dokumentation benutzt oder waren als gemeinfrei gekennzeichnet.

Abb. oder Seite	Quelle
1	Autor
2 - 4	Hölder 1889
5	Kelten-Römer-Museum Manching
6 - 11	Behrens 1922
12	Holzstich nach Oscar Pietsch, gest. von H. Günther, um 1880
13	Wikipedia
14	Tonmuseum Westerwald
15	Autor
16	Tonmuseum Westerwald
17	Tonmuseum Westerwald
18	Villeroy & Boch 1937
19	William-Adolphe Bouguereau (1825–1905): Durst
20 - 21	Ancient Ressource
S. 29 - 30	Autor
22	Müller
23	Wikipedia, Metilsteiner
24	Wikipedia
25 - 26	Pelka 1922
27	Wikipedia, Stephane D'Alu
S. 38 - 39	Kelten-Römer-Museum Manching
S. 40 - 44	Postkarten, Sammlung Autor
S. 45	Autor
28	Bahi
29	Postkarte, Sammlung Autor
30/32	Hertinger
31	Autor
33	Müller
34	Autor
S. 51 - 52	Postkarten, Sammlung Autor
S. 54 - 57	Bahi
S. 60	Bahi
35 - 36	Bahi
S. 65 - 67	Bahi
37	Wikipedia, Adrian Michael
38	Wikipedia, Köhler's Medizinal-Pflanzen, Köhler 1887
S. 70 - 76	Bahi
S. 72 u.	Autor

S. 78	Hertinger
S. 79 - 80	Bahi
S. 81, 85	Müller
S. 87 - 88	Bahi
S. 90	Hertinger
S. 91 - 92	Bahi
S. 94	Müller
S. 95 - 96	Autor
39	Müller
S. 98 - 110	Autor / Viering / Heyn

Bezugsquellen für Tajines

Wer sich ein Tajine zulegen möchte, muss nicht unbedingt nach Marokko fliegen, obwohl das sicher empfehlenswert wäre. Ob irgendwo deutsche Töpfer welche herstellen und anbieten, ließ sich leider nicht ermitteln. Doch es gibt im Internet genügend Bezugsquellen. Aber vorsicht, nicht gleich bei der ersten Quelle kaufen. Die Preise gehen von 15 Euro bis 100 Euro und auch die Qualität scheint sehr unterschiedlich zu sein.

Ali Baba Tajine
http://www.tajine.de/Ali_Baba/Start.html

Emile Henry Keramik
http://www.emile-henry.eu/

Hagen Grote
http://www.hagengrote.de

Marrakesch Shop
http://www.marrakesch-shop.de

Kochgut
http://www.kochgut.de

Tagines by BTC
http://www.tagines.com

mink-living Der Orient Shop
http://www.mink-living.de

Yatego
http://www.yatego.com
(Angaben ohne Gewähr)

ISBN: 978-3-86634-375-7
Umfang: 123 Seiten
Verarbeitung: Hardcover
zahlr. fb. Abb.
Format: 25,5 cm x 20,5 cm
19,50 Euro

Franz Wich

Das große Buch der Schiefertafel

Ein wichtiges Hilfsmittel zum Erlernen des Schreibens und Rechnens war einst die Schiefertafel. Dieses Buch, das sich auf eine sehr umfangreiche Sammlung zu diesem Thema und eine jahrelange Sammel- und Recherchierarbeit stützt, soll die Zeit der Schiefertafel als einen Abschnitt in der Entwicklung des Bildungswesens untersuchen. Wir werden der Frage nachgehen, warum sie in den Schulen auftauchte, wie sie verwendet wurde und wie sie wieder aus den Klassenzimmern verschwand. Die Schiefertafel hatte ihre Glanzzeit in der Geschichte und wir werden versuchen, auf dieses eine Detail unserer Vergangenheit ein Schlaglicht zu werfen.

ISBN: 978-3-86634-403-7
Umfang: 133 Seiten
Verarbeitung: Hardcover
zahlr. fb. Abb.
Format: 25,5 cm x 20,5 cm
19,50 Euro

Franz Wich

Das große Buch der Schultafel

Warum ist die Tafel eigentlich grün? Müsste sie nicht schwarz sein - denn das war sie über den größten Teil der Zeit ihrer Existenz? Aus den Klassenzimmern der Welt nicht wegzudenken und dennoch bisher kaum als Gegenstand mit eigener Geschichte beachtet: die Schultafel. Fokus der Aufmerksamkeit von Millionen Schülern seit Generationen, scheint sie eine Selbstverständlichkeit zu sein, über die man kaum nachdenken muss.

Der Autor, der die größte bekannte Sammlung über das Thema Schultafel zusammengetragen hat, sieht das anders. In seinem neuen Buch wird erstmalig die Geschichte der Tafel beleuchtet, werden ihre technischen Entwicklungen und Besonderheiten untersucht und eine Prognose für ihre Zukunft abgegeben. Aus einem enormen Fundus von Unterlagen wie auch aus eigener Erfahrung bei der Wartung und Pflege von Schultafeln wurde ein Buch zusammengestellt, das in einzigartiger Weise einen scheinbar so gewöhnlichen Gegenstand des Schulalltags beleuchtet.

Und natürlich wird auch die Frage geklärt, warum heutige Schultafeln grün sind.

ISBN: 978-3-86634-522-5
Umfang: 115 Seiten
Verarbeitung: Hardcover
zahlr. fb. Abb.
Format: 25,5 cm x 20,5 cm
19,50 Euro

Franz Wich

Das große Buch der Messerschleifer

Messer und Scheren zu schleifen, war sein Metier. Jahrhundertelang gehörte er zum Bild der Städte und einige Vertreter seiner Zunft - obwohl er nie einer angehörte - haben sich sogar bis heute gehalten. Sein Leben war hart, vielleicht auch abenteuerlich, und wurde oft romantisiert: der Messerschleifer.
Der Autor hat eine umfangreiche Sammlung an Material über den Messerschleifer zusammengetragen, die zur Grundlage für dieses Buch wurde. Eine historische Betrachtung des Schleifens von Messern und der Messerschleifer, einschließlich einiger Tipps zum richtigen Schleifen.

ISBN: 978-3-86634-605-5
Umfang: 86 Seiten
Verarbeitung: Hardcover
zahlr. fb. Abb.
Format: 25,5 cm x 20,5 cm
19,50 Euro

Franz Wich

Das große Buch der Wärmesteine
Der Serpentin vom Peterleinstein und aus Zöblitz

Franz Wich hat in diesem Buch viel Wissenswertes über einen fast vergessenen Haushaltsgegenstand zusammengetragen: den Wärmestein. Außerdem betrachtet er die Geschichte der Gewinnung und Verarbeitung von Serpentinstein in den beiden historischen Zentren dieses Handwerks, Kupferberg und Zöblitz, wirft einen Blick auf die Edelsteintherapie und untersucht die Bedeutung der Wärmeheilung heute.

ISBN: 978-3-86634-520-1
Umfang: 91 Seiten
Verarbeitung: Hardcover
zahlr. fb. Abb.
Format: 25,5 cm x 20,5 cm
19,50 Euro

Franz Wich

Das große Buch der Meerjungfrauen
Eine Reise in die Welt der Nixen, Wassermänner und Undinen

Seit über dreitausend Jahren begegnen sie uns in Literatur und Kunst: Nixen, Sirenen und Meerjungfrauen, Undine, Melusine, Loreley und der bärtige Nix. Die Wasserfrau, als Grenzgängerin in Zeiten der menschlichen Krisen und Reifungsprozesse auftretend, betört uns nicht nur in ihrer Eigenschaft als kleines Märchenwesen, sie tritt uns auch heute als Femme fatale oder einfach nur als Werbeträger entgegen. Die umfangreichen Recherchen des Autors und das von ihm zusammengetragene Bildmaterial ermöglichten ein ausdrucksstarkes Buch über die märchenhaften Bewohner der Meere und Gewässer des Festlandes, wie sie uns heute immer noch begeistern.